AF455057

ŒUVRES

DE

SAINT-SIMON & D'ENFANTIN

PRÉCÉDÉES DE DEUX NOTICES HISTORIQUES

XXIe VOLUME

40802

ŒUVRES

DE

SAINT-SIMON

PUBLIÉES PAR LES MEMBRES DU CONSEIL

INSTITUÉ PAR ENFANTIN

POUR L'EXÉCUTION DE SES DERNIÈRES VOLONTÉS,

CINQUIÈME VOLUME.

PARIS

E. DENTU, ÉDITEUR

LIBRAIRE DE LA SOCIÉTÉ DES GENS DE LETTRES

PALAIS-ROYAL, 17 ET 19, GALERIE D'ORLÉANS

—

1869

Tous droits réservés

1870

ŒUVRES

DE

SAINT-SIMON.

EXPLICATIONS BIBLIOGRAPHIQUES.

SUITE DE 1820.

Nous avons terminé le volume précédent en disant (au bas de la page 242) que Saint-Simon avait employé *six* mois à essayer de former une société pour continuer la publication de l'*Organisateur*. Nous aurions dû dire *deux* mois, car dès le mois de mai, l'attention publique était vivement préoccupée de la discussion d'une nouvelle loi d'élection dont M. Decazes avait présenté le projet le 15 février précédent, cinq jours avant la démission qu'il donna de son ministère, à l'occasion de l'accusation portée contre lui par M. Clausel de Coussergues. La discussion de cette loi commença en mai, elle fut très-orageuse, et Saint-Simon profita de cette circonstance pour répandre ses idées en publiant l'écrit suivant :

— SUR LA LOI DES ÉLECTIONS, par Henri Saint Simon ; in-8°, Paris, 1820. 27 pages imprimées chez P. Dupont, Hôtel des Fermes.

Cette brochure, qui se compose essentiellement de cinq Lettres, ne porte pas de date précise, mais on y lit (page 19):

« Nous allons vous parler du moyen que nous comptons « employer, pour empêcher que le projet de loi d'élection « *actuellement en discussion* soit admis. » On sait que l'adoption de l'art. 1er occasionna des troubles qui eurent lieu à Paris, les 2 et 3 juin, et que la Chambre des députés adopta l'ensemble de la loi le 12 juin. On peut donc admettre que la brochure de Saint-Simon fut publiée en mai.

Quoique la loi n'ait été adoptée par la Chambre des pairs que le 28 juin, nous croyons cependant devoir placer dans ce mois la publication suivante :

a)[1] — CONSIDÉRATIONS SUR LES MESURES A PRENDRE POUR TERMINER LA RÉVOLUTION, présentées au Roi ainsi qu'à Messieurs les agriculteurs, négociants, manufacturiers et autres industriels qui sont membres de la chambre des députés ; par HENRI SAINT-SIMON. 1820. Brochure *in-8°* de 98 pages, imprimée chez Vigor Renaudière, Marché-Neuf, n° 48.

L'exemplaire que nous avons sous les yeux porte, écrit de la main de Saint-Simon : « Offert par l'auteur à Messieurs André Cottier. »

Cette brochure ne se trouve indiquée que dans le numéro du 9 *septembre* 1820 du *Journal de la Librairie*, mais ce qui

1. On verra page XV pourquoi nous avons étiqueté par les lettres *a*, *b*, *c*, etc. ces pièces successives. (*Note des éditeurs*).

lui donne une date certaine, c'est que, lorsqu'en 1821 Saint-Simon réimprima toute cette correspondance, il la fit précéder d'une préface dans laquelle on lit (voir page 22) : « Ce volume se compose de lettres qui ont été envoyées aux « personnes à qui elles sont adressées, *depuis le mois de juin « 1820, jusqu'en juillet 1821.* » Les *Considérations sur les mesures à prendre pour terminer la révolution*, se composaient essentiellement de VI Lettres. Les quatre premières formant 41 pages sont seules numérotées ; l'espèce *d'Adresse au Roi* (pages 42 à 78 de l'édition originale) devrait porter le nº V, et la pièce adressée à la fois *au Roi et à MM. les agriculteurs, négociants, etc.* (pages 79 à 98), devrait porter le nº VI. Saint-Simon, après avoir envoyé cette brochure, tirée à petit nombre, aux personnes auxquelles il la destinait, alla visiter un certain nombre d'entre elles, particulièrement les principaux industriels, et continua cette correspondance sous forme de Lettres, tantôt *lithographiées*, tantôt *imprimées*, que nous avons toutes sous les yeux et que nous allons énumérer ici.

b) — Nº VII. Ire LETTRE A MESSIEURS LES CULTIVATEURS, FABRICANTS, NÉGOCIANTS, BANQUIERS ET AUTRES INDUSTRIELS, 8 pages *lithographiées*, dans le format *grand in-4º*. De l'imprimerie lithographique de Lasteyrie, rue du Bac, nº 58. Octobre 1820.

Indiquée dans le numéro du 28 octobre 1820 du *Journal de la Librairie*.

c) — Nº VIII. IIe LETTRE A MESSIEURS LES CULTIVATEURS, etc. 5 pages *grand in-4º lithographiées* chez Lasteyrie. Octobre 1820.

Indiquée dans le numéro du 4 novembre 1820 du *Journal de la Librairie.*

L'exemplaire de cette lettre que nous avons sous les yeux est celui que l'auteur avait adressé à Grégoire. Au-dessous de la signature on lit, écrit de la main de Saint-Simon :

P. S. Je vous engage, Messieurs, à ne choisir pour députés que des cultivateurs, des fabricants, des négociants, ou des banquiers ; les intérêts de l'industrie ne peuvent être bien défendus que par des industriels de profession.

Ce *post-scriptum* montre que les élections approchaient. Les colléges électoraux étaient convoqués pour le 14 novembre.

d) — N° IX. IIIe LETTRE A MESSIEURS LES CULTIVATEURS, etc. Brochure in-8° de 34 pages, imprimée chez Vigor Renaudière, Marché-Neuf, n° 48. Octobre 1820.

Indiquée dans le numéro du 9 décembre 1820 du *Journal de la Librairie.* On va voir quelques lignes plus bas que cette indication tardive tient à ce que cette lettre avait été omise à sa date.

Considérant les trois lettres qu'il venait de publier, Saint-Simon reprit la série suivante au n° IV, sans numéroter sa Lettre d'envoi.

e) — LETTRE D'ENVOI A MESSIEURS LES INDUSTRIELS. 2 pages grand in-4° lithographiées chez G. Engelmann, rue Louis-le-Grand, n° 27. Octobre 1820.

Indiquée, ainsi que les deux pièces suivantes, dans le numéro du 4 novembre 1820 du *Journal de la Librairie*.

f) — N° IV. Ire LETTRE SUR LES BOURBONS. AU ROI ET AUX INDUSTRIELS. 8 pages *grand in-4°* lithographiées chez G. Engelmann. Octobre 1820.

Au bas de cette Lettre signée Henry Saint-Simon, on lit un *post-scriptum* ainsi conçu :

En relisant cette lettre, je m'aperçois que les expressions dont je me suis servi en parlant du protocole actuel de la Royauté, pourraient être mal interprétées. Mon but a été uniquement de faire sentir à Votre Majesté que la doctrine de la Royauté *par la grâce de Dieu* avait perdu toute sa force, et que par conséquent la Royauté devait chercher à s'appuyer sur des doctrines plus solides. Mais du reste, dans cette occasion, comme dans tout autre, loin d'attacher aucune importance au changement d'une forme quelconque, je suis et serai toujours disposé à respecter celles que la sagesse de la Royauté jugera convenables.

En imprimant cette lettre en 1821, Saint-Simon a remplacé

ce *post-scriptum* par un autre, très-développé, dans lequel il distingue trois époques du christianisme (voy. p. 214 à 216 de ce volume).

g) — N° V. IIe LETTRE SUR LES BOURBONS. AU ROI. 4 pages in-4° *lithographiées* chez Engelmann. Octobre 1820.

Les élections sur lesquelles le parti des industriels, parti naissant, avait fondé quelques espérances, eurent lieu à Paris le 14 novembre. Ce jour furent nommés MM. Olivier, Bonnet et Lebrun; le lendemain 15, M. Quatremère de Quincy fut soumis, avec M. Tripier, à un ballotage qui tourna contre ce dernier. La généralité des élections eut lieu dans ce sens.

Peu de jours après ces quatre élections, Saint-Simon adressa aux industriels la pièce suivante :

LETTRE D'ENVOI.

MESSIEURS,

Si je suis resté une quinzaine de jours sans vous donner de mes nouvelles, ce n'est certainement pas que j'aie négligé vos affaires ; je ne mériterai jamais ce reproche de votre part, car vos affaires sont mon unique occupation, car je me suis voué sans aucune réserve au service de la puissance industrielle. J'ai pensé que vous étiez occupés des élections ; voilà l'unique raison qui m'a empêché de vous écrire. Je vous envoie aujourd'hui trois lettres à la fois : ainsi le temps perdu se trouve réparé.

Je ne me dissimule point, Messieurs, que beaucoup de personnes regardent mon projet comme impraticable, et qu'un plus grand nombre encore s'imagine qu'il se passera bien du temps avant qu'il soit exécutable ; mais j'espère que la lecture des trois lettres que j'ai l'honneur de vous envoyer, particulièrement de la dernière de ces lettres, et plus particulièrement encore du *post-scriptum* qui se trouve à la suite, déterminera la formation d'un noyau de croyants à la possibilité que les mesures nécessaires pour terminer la Révolution soient adoptées dans l'année 1821, et j'espère aussi que ce noyau grossira avec la même rapidité qu'une boule de neige lancée de la cime du mont Saint-Bernard sur la pente rapide de cette montagne.

J'ai l'honneur d'être, Messieurs, votre très-humble serviteur,

HENRI SAINT-SIMON,
Rue de Richelieu, n° 34.

Les trois lettres envoyées à la fois étaient les suivantes :

h) — N° VI. IIIe LETTRE SUR LES BOURBONS. A MESSIEURS LES INDUSTRIELS. 6 pages *grand in-4° lithographiées* chez Engelmann. Novembre 1820.

i et *k)* — N°s VII et VIII. IVe et Ve LETTRES SUR LES BOURBONS. A MESSIEURS LES INDUSTRIELS. Brochure in-8° de 39 pages, imprimée chez Vigor-Renaudière, Marché-Neuf, n° 48.

C'est à la suite de cette Vme lettre que Saint-Simon avait ajouté un *post-scriptum* qui commence par ces mots : « Messieurs, vous êtes actuellement fort effrayés du résultat des « élections qui viennent d'avoir lieu, etc. » Dans la réimpression qu'il fit en 1821 de toute cette correspondance sous le titre général de SYSTÈME INDUSTRIEL, il a transporté ce *post-scriptum* à la suite de la VIme lettre (Voyez p. 62 à 77 du t. II de la présente édition du SYSTÈME INDUSTRIEL).

l) — VIe LETTRE SUR LES BOURBONS. AU ROI ET AUX INDUSTRIELS. *Résumé général et conclusion.* Brochure *in-8°* de 26 pages, imprimée chez Crapelet.

Indiquée dans le numéro du 24 décembre 1820 du *Journal de la Librairie.*

m) — A MESSIEURS LES CULTIVATEURS, FABRICANTS, NÉGOCIANTS, BANQUIERS ET AUTRES INDUSTRIELS,

AINSI QU'A MESSIEURS LES SAVANTS[1], QUI PROFESSENT LES SCIENCES PHYSIQUES ET MATHÉMATIQUES, ET A MESSIEURS LES ARTISTES QUI PROFESSENT LES BEAUX-ARTS. Brochure *in-8°* de 8 pages imprimée chez Crapelet.

Indiquée dans le numéro du 30 décembre 1820 du *Journal de la Librairie*. Saint-Simon annonce à tous ses correspondants qu'il va publier les lettres qu'il leur a adressées, y compris la présente. Celle-ci se termine par un *post-scriptum* qui n'a pas été reproduit dans l'édition de 1821, et que, pour cette raison, nous allons transcrire ici :

POST-SCRIPTUM.

MESSIEURS, la présente Lettre sera la dernière de cette correspondance. J'en commencerai incessamment une nouvelle, qui sera, de même que celle-ci, divisée en deux parties, ayant, l'une, pour but l'établissement des principes qui doivent servir de base au système industriel, et l'autre, leur application.

Je vous rendrai compte de tout ce qui se passera d'important dans la session qui vient de

(1) Ces lettres avaient été adressées aussi à un certain nombre de savants. Toutes celles *lithographiées* que nous avons entre les mains sont celles que M. Bosc, membre de l'Académie des sciences, avait reçues (*Note des éditeurs*).

s'ouvrir[1]. Je commencerai, avant d'entrer en matière, par vous prouver que les trois partis qui composent la Chambre doivent être considérés comme autant de factions, et que ces trois factions réunies forment la grande faction des gouvernants contre les intérêts du peuple[2].

Dans cette même Introduction, je représenterai à MM. Ternaux, Beauséjour, Basterrèche, Delessert, Humann, Laffitte, Kœchlin, Humblot-Comté, Perrier, et autres industriels (membres de la Chambre), qu'il est de leur intérêt et de leur devoir de former, dans cette session, un parti distinct des partis qui ont existé jusqu'à ce jour; je leur dirai qu'en leur qualité de chefs du peuple dans ses travaux journaliers, ils sont ses protecteurs naturels ; je leur observerai que la religion chrétienne, de même que la morale humaine, leur impose l'obligation de représenter au Roi que les prétentions et les intérêts du clergé et de la noblesse sont directement opposés aux intérêts et

(1) La session législative avait été ouverte le 19 décembre 1820 (*note des éditeurs*).

(2) Je comprends dans la faction des gouvernants ceux qui aspirent à le devenir. Ce serait s'abuser de croire les intentions des chefs des deux partis opposés plus favorables au peuple que celles du ministère actuel. (*Note de Saint-Simon.*)

aux désirs de son peuple; je les engagerai enfin à supplier Sa Majesté de prendre les mesures du succès le moins incertain pour accroître le plus possible la masse des travaux, ce qui est le moyen le plus sûr pour augmenter l'aisance du peuple et son bonheur positif.

Je prie les personnes qui m'ont aidé, par voie de souscription, à supporter les frais de cette correspondance, d'agréer tous mes remerciements. Je serai très-empressé à publier leur nom quand j'aurai rempli ma mission, qui consiste à faire entrer le Roi et la nation dans la voie qui leur est tracée par la morale humaine, de même que par la morale religieuse.

1821

— Du système industriel, par Henri Saint-Simon. *Première partie.* Février 1821. Un volume *in-8°* de 311 pages, imprimé chez Crapelet et édité par Ant.-Aug. Renouard, rue Saint-André-des-Arts, n° 55. Il porte pour épigraphe : « Dieu a dit : Aimez-vous et secourez-vous les uns les autres. »

Cette *première partie* se compose de la réimpression des pièces (*a* jusqu'à *n*) que nous venons d'énumérer. C'est, à proprement parler, une *seconde édition* en tête de laquelle Saint-Simon plaça une préface de xx pages et qu'il termina par l'*Adresse aux philanthropes.* Il fit même tirer à part ce dernier morceau, et publia alors la pièce suivante :

n) — ADRESSE AUX PHILANTHROPES, PAR HENRI SAINT-SIMON, EXTRAITE DE SON OUVRAGE SUR LE SYSTÈME INDUSTRIEL, avec cette épigraphe : « *Dieu* « *a dit : Aimez-vous et secourez-vous les* « *uns les autres.* » Brochure in-8° de 46 pages, imprimée chez Crapelet. Février 1821.

La *première partie* du système industriel est indiquée dans le numéro du 3 mars 1821 du *Journal de la Librairie.*

« Ce livre, dit la *Revue Encyclopédique*, contient plusieurs « écrits de M. de Saint-Simon, publiés à différentes époques. « Ils sont réunis ici avec des développements nouveaux, et « forment un corps de système où, parmi des choses hasar- « dées, on rencontre une foule de vérités positives qui, tôt « ou tard, doivent triompher dans l'organisation des sociétés « modernes. » Numéro de mars 1821, t. IX, p. 572. — Le même recueil, dans son numéro de mai 1821, t. X, p. 326 à 330, contient sur cette publication de Saint-Simon un article signé J.-B. Huet, article bienveillant, mais très-médiocre.

— DU SYSTÈME INDUSTRIEL. *Seconde partie.* Un volume *in-8°* de 220 pages, imprimé chez Mme veuve Porthmann, rue Sainte-Anne, n° 43. avec la même épigraphe que portait la *première partie.* A Paris, chez l'auteur, rue de Richelieu, n° 34, et chez les marchands de nouveautés. 1821.

Cette *seconde partie* fut publiée en six brochures différentes dont la pagination des cinq dernières était changée après le tirage, de manière à former un volume dont la pagination se suivait. Elles parurent dans l'ordre suivant :

1°. — AU ROI. Avril.............. 128 pages.

Indiquée dans le numéro du 28 avril 1821 du *Journal de la Librairie.*

2°. — A MESSIEURS LES DÉPUTÉS QUI SONT INDUSTRIELS. Première lettre. Mai.... 16 pages.

3°. — AUX MÊMES. Seconde lettre. Juin........................ 34 —

4°. — AUX MÊMES. Troisième lettre. Juillet....................... 18 —

Ces trois lettres ont été indiquées dans les numéros des 1er juin, 23 juin et 21 juillet 1821 du *Journal de la Librairie.*

Sur la couverture on lisait :

NOTA. — *Les pièces qui doivent composer la seconde partie de l'ouvrage ayant pour titre* le Système industriel, *ne seront mises en vente qu'à l'instant où leur réunion formera un volume. Jusqu'à cette époque, je les communiquerai avec empressement à Messieurs les savants et à Messieurs les chefs des travaux industriels.*

La *Gazette de France* du 9 juillet 1821 contient, sur ce qui était publié alors du SYSTÈME INDUSTRIEL, un article passablement inconvenant signé *Colnet*. Les citations qui y sont faites sont empruntées particulièrement aux pages 151, 167, 180, 188 et 189, 206 du présent volume.

5°. — PREMIÈRE OPINION POLITIQUE DES INDUSTRIELS, OU LETTRE DE MM. LES ENTREPRENEURS DES TRAVAUX DE CULTURE, DE FABRICATION, DE COMMERCE ET DE BANQUE A M. TERNAUX, membre de la Chambre des Députés.

En tête de cette Lettre se trouve une *Épître dédicatoire à M. le Président du Conseil des Ministres ;* à la fin, Saint-Simon a placé le *premier chant des industriels*, par Rouget de Lisle. Cette brochure forme ...... 16 pages.

6°. — A MESSIEURS LES OUVRIERS.
Novembre 1821 .... 8 —

La *seconde partie* du SYSTÈME INDUSTRIEL forme donc 220 pages. Sur la couverture de la sixième de ces brochures on lisait :

J'écris pour les industriels contre les courtisans et contre les nobles ; c'est-à-dire j'écris pour les abeilles contre les frelons. Je me soucie très-peu que les courtisans, que les nobles, ainsi que les autres frelons, connaissent cette brochure ; mais je désire infiniment qu'elle soit lue par tous les industriels, étant convaincu que cette lecture leur sera utile. Je l'enverrai donc à tous ceux que je connais, et j'invite ceux qui ne la recevront pas à la faire prendre chez moi.

Nous venons d'indiquer le *chant des industriels* que Rouget de Lisle avait composé à la prière de Saint-Simon ; en même temps parut sous les formats in-8° et in-4° :

— AIR DU CHANT DES INDUSTRIELS, par l'auteur des paroles. 4 pages *in-8°*.

Ce même morceau, gravé dans le format ordinaire de la musique, porta pour titre :

CHANT DES INDUSTRIELS, avec accompagnement de piano, par Rouget de Lisle. On lit au bas : « *Se distribue gratuitement chez* M. Henri « Saint-Simon, *rue de Richelieu*, *n° 34*. Aux « dames industrielles. »

Ici se terminent les publications faites par Saint-Simon en 1821. — Nous verrons, sous l'année 1822, qu'il ébaucha une *troisième partie* du SYSTÈME INDUSTRIEL dont nous allons donner les deux premières parties.

DU

SYSTÈME INDUSTRIEL

PAR

HENRI SAINT-SIMON

> Dieu a dit : Aimez-vous et secourez-vous les uns les autres.

1821

PRÉFACE

La crise dans laquelle le corps politique se trouve engagé depuis trente ans, a pour cause fondamentale le changement total de système social, qui tend à s'opérer aujourd'hui, chez les nations les plus civilisées, en résultat final de toutes les modifications que l'ancien ordre politique a successivement éprouvées jusqu'à ce jour. En termes plus précis, cette crise consiste essentiellement dans le passage du système féodal et théologique au système industriel et scientifique. Elle durera, inévitablement, jusqu'à ce que la formation du nouveau système soit en pleine activité.

Ces vérités fondamentales ont été jusqu'à présent, et sont encore également ignorées des gouvernés et des gouvernants; ou plutôt elles n'ont été et ne sont senties, par les uns et par les autres, que d'une manière vague et incomplète, absolument insuffisante. Le XIXe siècle est encore dominé par le caractère critique du XVIIIe ; il ne s'est point encore investi du caractère organisateur qui doit lui être propre. Telle est la véritable cause première de l'effrayante prolongation de la crise, et des orages terribles dont elle a été accompagnée jusqu'ici. Mais cette crise cessera de toute nécessité, ou du moins elle se changera en un simple mouvement moral, aussitôt que nous nous serons élevés au rôle éminent que la marche de la civilisation nous assigne, aussitôt que les forces temporelles et spirituelles qui doivent entrer en activité seront sorties de leur inertie.

Le travail philosophique, dont je présente aujourd'hui au public un premier fragment, aura pour but général de développer et de prouver les importantes propositions qui viennent d'être sommairement énoncées ; de fixer le plus possible l'attention générale sur le véritable caractère de la grande réorganisation sociale réservée au XIXe siècle ; de démontrer que cette réorganisation, graduellement préparée par tous les progrès que la civilisation a faits jusqu'à présent, est aujourd'hui parvenue à sa pleine maturité, et qu'elle ne peut être ajournée sans les plus graves inconvénients ; d'indiquer, d'une manière nette et précise, la marche à suivre pour l'opérer avec calme, avec sûreté, et avec promptitude, malgré les obstacles réels ; en un mot, de concourir, autant qu'il est au pouvoir de la philosophie, à déterminer la formation du système industriel et scientifique, dont l'établissement peut seul mettre un terme à la tourmente sociale actuelle.

La doctrine industrielle, j'ose l'avancer hardiment, serait entendue avec facilité, et admise sans beaucoup d'efforts, si la plupart des esprits étaient placés au point de vue convenable pour la saisir et pour la juger. Malheureusement il n'en est point ainsi. Des habitudes d'esprit vicieuses et profondément enracinées, s'opposent à l'intelligence de cette doctrine dans presque toutes les têtes [1]. La *table rase* de Bacon serait infiniment plus nécessaire pour les idées politiques que pour toutes les autres ; et, par cela

1. C'est pour cette raison que je regarde les personnes qui ne s'occupent pas habituellement de politique, comme étant, toutes choses égales d'ailleurs, beaucoup plus propres que d'autres à entendre et à juger mon travail, et généralement toute idée positive en politique.

même, elle doit éprouver, relativement à cette classe d'idées, beaucoup plus de difficultés.

L'embarras que les savants ont éprouvé pour façonner au véritable esprit de l'astronomie et de la chimie, des têtes jusqu'alors habituées à considérer ces sciences à la manière des astrologues et des alchimistes, se manifeste aujourd'hui par rapport à la politique, à laquelle il s'agit de faire subir un changement analogue, le passage du conjectural au positif, du métaphysique au physique.

Obligé de lutter contre des habitudes opiniâtres et universellement répandues, je crois qu'il est utile d'aller au-devant d'elles, et d'anticiper un peu sur une partie de mon travail, en expliquant ici, d'une manière générale et sommaire, l'influence qu'ont obtenue et que conservent en politique les doctrines vagues et métaphysiques, l'erreur qui les fait prendre pour la politique véritable, et enfin la nécessité de les abandonner aujourd'hui.

Le système industriel et scientifique a pris naissance, et s'est développé sous la domination du système féodal et théologique. Or, ce simple rapprochement suffit pour faire sentir qu'entre deux systèmes aussi absolument antipathiques, il a dû exister une sorte de système intermédiaire et vague, uniquement destiné à modifier l'ancien système de manière à permettre le développement du système nouveau, et, plus tard, à opérer la transition. C'est le fait historique général le plus facile à deviner d'après les données que j'ai mises en regard. Aucun changement ne peut s'effectuer que par degrés, au temporel comme au spirituel. Ici, le changement était tellement grand, et, d'un autre côté, le système féodal et théologique répugnait tellement par sa nature à toutes les modifications, qu'il a fallu, pour qu'elles pussent avoir lieu, l'action spéciale continuée pendant plusieurs siècles, de classes particulières dérivées de l'ancien système, mais distinctes, et jusqu'à un certain point, indépendantes de lui, et qui ont dû conséquemment, par le seul fait de leur existence politique, constituer au sein de la société ce que j'appelle par abstraction un système intermédiaire et transitif. Ces classes ont été au temporel celle des légistes, et au spirituel, celle des métaphysiciens qui se sont étroitement combinées dans leur action politique, comme la féodalité et la théologie, comme l'industrie et les sciences d'observation.

Le fait général que je viens d'indiquer est de la plus haute importance. Il est une des données fondamentales qui doivent servir de base à la théorie positive de la politique. C'est celle qu'il importe le plus aujourd'hui de bien éclaircir, parce que le vague et l'obscurité dont elle a été enveloppée jusqu'à ce jour, sont ce qui complique le plus aujourd'hui les idées politiques, ce qui cause presque toutes les divagations.

Il serait absolument imphilosophique de ne pas reconnaître l'utile et remarquable influence exercée par les légistes et les métaphysiciens, pour modifier le système féodal et théologique, et pour empêcher qu'il n'étouffât le système industriel et scientifique, dès ses premiers développements. L'abolition des justices féodales, l'établissement d'une jurisprudence moins oppressive et plus régulière, sont dus aux légistes. Que de fois, en France, l'action des parlements n'a-t-elle pas servi à garantir l'industrie contre la féodalité ! Reprocher à ces corps leur ambition, c'est blâmer des effets inévitables d'une cause utile, raisonnable et nécessaire ; c'est se tenir à côté de la question. Quant aux métaphysiciens, c'est à eux qu'on doit la réforme du XVIe siècle, et l'établissement du principe de la liberté de conscience qui a sapé dans sa base le pouvoir théologique.

Je sortirais des bornes d'une préface en insistant davantage sur des observations que tout esprit juste développera aisément, d'après les indications précédentes. Pour moi, je déclare que je ne conçois point du tout comment l'ancien système aurait pu se modifier, et le nouveau se développer sans l'intervention des légistes et des métaphysiciens [1].

D'un autre côté, s'il est absurde de nier la part spéciale d'utilité des légistes et des métaphysiciens pour l'avancement de la civilisation, il est très-dangereux de s'exagérer cette utilité, ou, pour mieux dire, d'en méconnaître la véritable nature. Par le fait même de sa destination, l'influence politique des légistes et des métaphysiciens était bornée à une existence passagère,

1. Cet intermédiaire était tellement commandé par la nature même des choses, qu'on le retrouve jusque dans la manière de traiter les questions purement scientifiques. Quel est l'astronome, le physicien, le chimiste et le physiologiste qui ne sait qu'avant de passer, dans chaque branche, des idées purement théologiques aux idées positives, l'esprit humain s'est servi pendant longtemps de la métaphysique? Chacun de ceux qui ont réfléchi sur la marche des sciences, n'est-il pas convaincu que cet état intermédiaire a été utile, et même absolument indispensable pour opérer la transition?

puisqu'elle n'était que modificatrice et transitive, et nullement organisatrice. Elle a eu rempli toute sa fonction naturelle, du moment que l'ancien système a perdu la majeure partie de sa puissance, et que les forces du nouveau sont devenues réellement prépondérantes dans la société, au temporel et au spirituel. Close à ce point qui est complétement atteint depuis le milieu du siècle dernier, la carrière politique des légistes et des métaphysiciens n'eût pas cessé d'être utile et honorable, tandis qu'elle est effectivement devenue tout à fait nuisible, pour avoir dépassé sa limite naturelle.

Quand la révolution française s'est déclarée, il ne s'agissait plus de modifier le système féodal et théologique, qui avait déjà perdu presque toutes ses forces réelles. Il était question d'organiser le système industriel et scientifique, appelé par l'état de la civilisation à le remplacer. C'étaient, par conséquent, les industriels et les savants qui devaient occuper la scène politique, chacun dans leurs rôles naturels. Au lieu de cela, les légistes se sont mis à la tête de la révolution, ils l'ont dirigée avec les doctrines des métaphysiciens. Il est superflu de rappeler quelles singulières divagations en ont été la suite, et quels malheurs sont résultés de ces divagations. Mais il faut remarquer avec soin que, malgré cette immense expérience, les légistes et les métaphysiciens sont encore restés sans interruption à la tête des affaires, et qu'eux seuls aujourd'hui dirigent toutes les discussions politiques.

Cette expérience, quelque coûteuse qu'elle ait été, et quelque décisive qu'elle soit réellement, continuerait à demeurer stérile, à cause de sa complication, si on ne montrait point, par une analyse directe, la nécessité absolue de retirer aux légistes et aux métaphysiciens l'influence politique universelle qu'on leur accorde, et qui ne tient qu'à l'opinion présumée de l'excellence de leurs doctrines. Mais il est très-facile de prouver que les doctrines des légistes et des métaphysiciens sont, aujourd'hui, par leur nature, tout à fait impropres à diriger convenablement l'action politique, soit des gouvernants, soit des gouvernés. Cet obstacle est tellement grand, qu'il fait disparaître, pour ainsi dire, l'avantage que peuvent présenter les capacités individuelles, quelques brillantes qu'elles soient.

Les esprits un peu éclairés reconnaissent bien aujourd'hui la nécessité d'une refonte générale du système social; ce besoin est devenu tellement imminent qu'il faut bien qu'il soit senti. Mais l'erreur capitale, qui est généralement commise à cet égard, consiste à croire que le nouveau système à édifier doit avoir pour base les doctrines des légistes et des métaphysiciens. Cette erreur ne se maintient que parce qu'on ne remonte point assez haut dans la série des observations politiques, et que les faits généraux ne sont point assez profondément examinés, ou, pour mieux dire, parce qu'on ne fonde point encore sur les faits historiques généraux les raisonnements politiques. Sans cela on ne saurait se tromper au point de prendre une modification du système social, une modification qui a eu tout son effet, et qui ne peut plus jouer aucun rôle, pour un véritable changement de ce système.

Les légistes et les métaphysiciens sont sujets à prendre la forme pour le fonds, et les mots pour des choses. De là l'idée généralement admise de la multiplicité presque infinie des systèmes politiques. Mais, dans le fait, il n'y a et il ne peut y avoir que deux systèmes d'organisation sociale réellement distincts, le système féodal ou militaire, et le système industriel; et au spirituel, un système de croyances et un système de démonstrations positives. Toute la durée possible de l'espèce humaine civilisée est nécessairement partagée entre ces deux grands systèmes de société. Il n'y a en effet pour une nation, comme pour un individu, que deux buts d'activité, ou la conquête ou le travail, auxquels correspondent spirituellement ou les croyances aveugles, ou les démonstrations scientifiques, c'est-à-dire, fondées sur des observations positives. Or, il faut que le but d'activité générale soit changé pour que le système social le soit réellement. Tous les autres perfectionnements, quelque importants qu'ils puissent être, ne sont que des modifications, c'est-à-dire, des changements de forme et non de système. La métaphysique peut seule faire envisager les choses différemment par la malheureuse habileté qu'elle donne à confondre ce qui doit être distinct, et à distinguer ce qui doit être confondu.

La société a été organisée d'une manière nette et caractéristique, pendant que le système féodal ou militaire a été en pleine vigueur, parce qu'elle a eu alors un but d'activité clair et déterminé, celui d'exercer une grande action guerrière, but pour lequel toutes les parties du corps politique ont été coordonées. Elle tend aussi à s'organiser aujourd'hui d'une manière plus parfaite, et non moins nette et caractéristique, pour le but d'activité industriel, vers lequel également seront dirigées en faisceau toutes les forces sociales. Mais depuis la décadence du système féodal ou militaire jusqu'à présent, la société n'a point été réellement organisée, parce que les deux buts ayant été menés de front, l'ordre politique n'a eu qu'un caractère bâtard. Or, ce qui était utile et nécessaire même, comme état de choses transitoire et préparatoire, deviendrait évidemment absurde comme système permanent, aujourd'hui que la transition est vraiment terminée sous les rapports principaux. C'est là où conduisent néanmoins les doctrines des légistes et des métaphysiciens.

On ne saurait trop le répéter, il faut un but d'activité à une société, sans quoi il n'y a point de système politique [1]. Or, légiférer n'est point un but, ce ne peut être qu'un moyen. Ne serait-il pas étrange qu'en résultat de tous les progrès de

1. Bonaparte avait senti cette vérité fondamentale, quand il entreprit de reconstituer le système féodal et théologique. Seulement il en avait fait une fausse application qui tenait à son incapacité autant et plus qu'à son ambition, puisque son éducation l'avait mis à portée de connaître quelle doit être

la civilisation, les hommes fussent arrivés aujourd'hui à se réunir en sociétés, dans le but de se faire des lois les uns aux autres[1] ? Ce serait

aujourd'hui la direction d'activité dans le chef d'une nation civilisée. A l'époque où nous sommes, un ambitieux se fait militaire s'il se reconnaît incapable, et industriel s'il se sent capable.

1. On dira, sans doute, que le but du contrat social serait, dans cette hypothèse, d'assurer le maintien de la liberté. C'est toujours tourner dans le même cercle d'idées, et prendre un ordre de choses transitoire pour le système à constituer.

Le maintien de la liberté a dû être un objet de première sollicitude, tant que le système féodal et théologique a conservé quelque force, parce qu'alors la liberté était exposée à des attaques graves et continues. Mais aujourd'hui il ne peut plus exister la même inquiétude en s'occupant de l'établissement du système industriel et scientifique, puisque ce système doit entraîner de toute nécessité, et sans qu'on s'en occupe directement, le plus haut degré de liberté sociale, au temporel et au spirituel. Dans un tel ordre de choses, un grand appareil de combinaisons politiques uniquement destiné à préserver la liberté d'atteintes auxquelles elle ne pourrait plus être sérieusement exposée, ressemblerait beaucoup au combat de don Quichotte contre les moulins à vent.

D'ailleurs, en aucun cas, le maintien des libertés individuelles ne peut être le but du contrat social. La liberté, considérée sous son vrai point de vue, est une conséquence de la civilisation, progressive comme elle, mais elle ne saurait en être le but. On ne s'associe point pour être libres. Les sauvages s'associent pour chasser, pour faire la guerre, mais non certes pour se procurer la liberté ; car, sous ce rapport, ils feraient mieux de rester isolés. Il faut un but d'activité, je le répète, et la liberté ne saurait en être un, puisqu'elle le suppose. Car la vraie liberté ne consiste point à rester les bras croisés, si l'on veut, dans l'association ; un là, sans doute, le sublime de la mystification. Ne semblerait-il pas voir des hommes qui se

tel penchant doit être réprimé sévèrement partout où il existe ; elle consiste au contraire à développer, sans entraves et avec toute l'extension possible, une capacité temporelle ou spirituelle utile à l'association.

Observons en outre qu'à mesure que la civilisation fait des progrès, la division du travail, considérée au spirituel comme au temporel, et sous le point de vue le plus général, augmente dans la même proportion. Il en résulte, de toute nécessité, que les hommes dépendent moins les uns des autres individuellement, mais que chacun d'eux dépend davantage de la masse, exactement selon le même rapport. Or, l'idée vague et métaphysique de liberté, telle qu'elle est en circulation aujourd'hui, si on continuait à la prendre pour base des doctrines politiques, tendrait éminemment à gêner l'action de la masse sur les individus. Sous ce point de vue, elle serait contraire au développement de la civilisation et à l'organisation d'un système bien ordonné, qui exige que les parties soient fortement liées à l'ensemble et dans sa dépendance.

Je ne parle point de la liberté politique, parce qu'il est trop évident qu'elle peut bien moins encore que la liberté individuelle, être considérée comme un but d'association. Au reste, je puis faire observer à ce sujet, comme tendant à caractériser le véritable état de choses, que le droit de s'occuper des affaires publiques sans condition déterminée de capacité, conféré, en théorie, à tout citoyen comme un droit *naturel*, et restreint seulement dans l'exercice, mais toujours sans condition de capacité, est la preuve la plus complète et la plus palpable du vague et de l'incertitude où sont encore plongées les idées politiques. Aurait-on jamais pu songer, sans cette cause, à déclarer en termes détournés, il est vrai, mais dont le sens n'est pas douteux, qu'il ne faut aucune capacité naturelle ou acquise pour raisonner sur la politique ?

Pourquoi ne proclame-t-on pas que les Français qui payent mille francs de contribution directe sont aptes à faire des réuniraient gravement afin de tracer de nouvelles conventions pour les échecs, et qui se croiraient des joueurs? Une absurdité aussi manifeste est

découvertes en chimie, tandis qu'on établit au fond un principe absolument pareil pour la politique, qui est cependant bien autrement difficile et bien autrement importante que la chimie? Pourquoi? parce que les conditions de capacité nécessaires pour s'occuper de chimie sont claires, et que celles relatives à la politique ne le sont pas. Et à quoi tient cette différence? à ce que la chimie est aujourd'hui une science positive, tandis que la politique n'est encore qu'une doctrine conjecturale, qui ne mérite pas le nom de science.

C'est le propre de la métaphysique, précisément parce qu'elle n'enseigne rien de réel, de persuader qu'on est propre à tout sans avoir besoin de rien étudier d'une manière spéciale. La circonstance remarquable que je viens d'indiquer n'existe plus aujourd'hui que pour la politique et la philosophie, sa mère, parce qu'elles seules, parmi toutes les branches de nos connaissances, sont encore restées métaphysiques. Mais un fait analogue peut s'observer pour les sciences aujourd'hui les plus positives, à l'époque où elles étaient encore plongées dans le domaine ténébreux de la métaphysique. Les conditions de capacité nécessaires pour avoir le droit de les cultiver, ne sont devenues claires et précises, et n'ont cessé d'être universellement sujettes à contestation, que lorsque ces sciences ont pris le caractère positif ou d'observation. Il en doit être absolument de même de la politique. On peut soutenir aujourd'hui, sans se couvrir de ridicule, que la science politique est innée, ou qu'il suffit d'être né Français pour être en état d'en raisonner : un tel langage est même réputé patriotique. Mais lorsque la politique sera montée au rang des sciences d'observation, ce qui ne saurait être aujourd'hui très-retardé, les conditions de capacité deviendront nettes et déterminées, et la culture de la politique sera exclusivement confiée à une classe spéciale de savants qui imposera silence au parlage.

néanmoins naturelle, et conséquemment excusable dans les légistes, dont le jugement est ordinairement vicié par l'habitude de ne considérer que les formes. Mais de la part des industriels, habitués, au contraire, à ne considérer en tout que le fonds, la prolongation d'une telle erreur serait absolument inexcusable.

Revenons donc à la saine manière d'envisager les choses. Reconnaissons que l'influence des légistes et des métaphysiciens a été longtemps utile en modifiant le système féodal et théologique, et en facilitant par là le développement du système industriel et scientifique. Mais reconnaissons aussi que, par cela même, cette influence était destinée à s'éteindre après avoir atteint son but, et qu'elle a par conséquent perdu aujourd'hui toute son utilité, puisque la modification de l'ancien système est telle, qu'il n'a plus assez de force pour continuer à servir de base à la société, et que le système nouveau est tellement développé, qu'il n'attend plus qu'une impulsion d'activité pour se constituer à la tête du corps social. Les légistes et les métaphysiciens ont garanti le nouveau système dans son enfance contre l'action de l'ancien système dans la plénitude de l'âge ; mais depuis que l'enfant est devenu adulte, et que l'homme mûr est devenu caduc, toute intervention est inutile et nuisible, et le nouvel homme doit traiter directement avec le vieillard.

Aujourd'hui, en effet, l'interposition des légistes et des métaphysiciens entre l'ancien système et le nouveau est la cause principale de l'inextricable confusion des idées politiques; c'est elle qui nous masque l'entrée du régime industriel. Mais que cet intermédiaire soit écarté, que les rapports entre les deux systèmes opposés deviennent directs, et tout ce chaos se débrouillera comme par enchantement. On s'expliquera, on s'entendra ; on ne pensera plus qu'une société puisse subsister sans but d'activité ; et on reconnaîtra que, puisque l'ancien but militaire ne peut plus exister aujourd'hui, il faut s'occuper sans délai de s'organiser pour le but industriel. Les classes féodale et théologique sentiront qu'elles n'ont aucun moyen de lutter contre les industriels et les savants pour empêcher la constitution définitive du nouveau système. Les industriels et les savants sentiront à leur tour qu'ils doivent dédommager les classes anciennes de la clôture de leur carrière politique en leu facilitant l'entrée de la carrière nouvelle.

J'ai peut-être trop insisté, pour ce moment, sur le fait fondamental que je viens d'examiner. Mais il est d'une telle importance pour l'éclaircissement des idées politiques, que je ne saurais regretter cette extension. J'espère qu'elle facilitera l'intelligence de mon ouvrage en indiquant au lecteur le point exact d'opposition avec les idées généralement admises; car cet exposé a pour objet essentiel de préciser plus nettement que je n'aurais pu le faire de toute autre manière, le véritable caractère du système industriel, en faisant sentir la différence absolue qui le distingue du système vaguement libéral, avec lequel on est porté à le confondre. En un mot, j'ai voulu exprimer la séparation de la politique scientifique, basée sur des séries coordonnées de faits historiques généraux, d'avec la politique métaphysique, fondée sur des suppositions abstraites plus ou moins vagues et plus ou moins creuses, qui ne sont qu'une nuance de la théologie.

Je n'ai considéré, dans tout ce qui précède, le grand mouvement moral auquel la société est appelée aujourd'hui, que sous le rapport du changement fondamental à opérer dans les doctrines. Mais il est un autre point de vue que je ne dois pas négliger d'indiquer en peu de mots dans cette Préface.

Les idées et les sentiments se tiennent et se correspondent nécessairement. Tout grand mouvement dans les idées en exige un semblable dans les sentiments. Sous ce rapport, la philanthropie est l'analogue et l'auxiliaire indispensables de la philosophie. Pour déterminer le grand mouvement philosophique qui doit avoir pour objet la refonte des idées générales, il est indispensable que l'activité philanthropique se développe dans tous les hommes susceptibles de sentiments élevés et généreux. La décadence des doctrines générales anciennes a laissé développer l'égoïsme, qui envahit de jour en jour la société, et qui s'oppose éminemment à la formation des nouvelles doctrines. Il faut donc mettre en jeu la philanthropie pour le combattre et pour le terrasser. Cette action n'est pas moins nécessaire que celle de la philosophie, et même elle doit la précéder. C'est pourquoi j'ai cru devoir, dès ce premier fragment de mon travail, faire un appel aux philanthropes, c'est-à-dire, à tous les hommes doués de sentiments généreux, quelle que soit leur existence sociale : qu'ils appartiennent à l'ancien système, ou au système nouveau, ou au système transitoire, cet appel terminera ce premier écrit.

Ce volume se compose de Lettres qui ont été envoyées aux personnes à qui elles sont adressées, depuis le mois de juin 1820 jusqu'en janvier 1821.

Cette Correspondance a pour objet de faire monter, par une pente douce, jusqu'au point de vue élevé d'où les choses sont envisagées dans l'*Adresse aux Philanthropes*, qui la termine.

CONSIDÉRATIONS

SUR LES MESURES A PRENDRE

POUR

TERMINER LA RÉVOLUTION

PREMIÈRE CORRESPONDANCE

AVEC MESSIEURS LES INDUSTRIELS

INTRODUCTION

DEUX factions qui luttent avec acharnement pour la possession exclusive des pouvoirs existants, que chacune d'elles considère, par des motifs différents, comme sa propriété naturelle; un gouvernement qui cherche à se garantir des tentatives de l'une et de l'autre, mais qui se croit néanmoins obligé de satisfaire leur avidité commune, en répartissant, d'une manière plus ou moins égale, les bénéfices de l'administration entre les deux classes rivales d'ambitieux; enfin, des industriels de tous genres, cultivateurs, fabricants et négociants, qui se lamentent de porter deux bâts, qui désirent vivement de ne plus servir de pâture aux intrigants de toute espèce, mais qui n'ont aucune idée nette, ni aucune volonté arrêtée, sur la marche à suivre pour cela, et qui, par suite, restent spectateurs passifs de la lutte, attendant avec bonhomie qu'une portion de ceux qui vivent ou qui aspirent à vivre de l'intrigue et du gaspillage, les délivre généreusement du gaspillage et de l'intrigue : tel est, en raccourci, le tableau que présente la scène politique actuelle, à tout observateur impartial et éclairé ; tel a été, jusqu'à présent, le triste résultat d'une révolution dont le but était manifestement, dès l'origine, l'organisation d'un régime économique et libéral, ayant pour objet direct et unique de procurer la plus grande source de bien-être possible à la classe laborieuse et productrice, qui constitue, dans notre état de civilisation, la véritable société.

Quelles sont les causes qui, en détournant notre révolution de son but primitif, ont amené et retiennent la société dans le déplorable état où elle se trouve aujourd'hui ? Quels sont les moyens de l'en faire sortir, d'établir l'ordre et la prospérité sur des bases solides ? Telles sont les deux questions générales intimement liées entre elles, dont je présente ici un premier éclaircissement.

Le caractère essentiel de cet écrit, celui que je désire principalement avoir rendu sensible, c'est le rapprochement, ou, pour mieux dire, la communauté que j'établis partout entre les intérêts de la royauté et ceux des industriels. La combinaison de ces deux forces a été la pensée dominante qui a occupé mon esprit pendant tout le cours de ce travail : j'aurai atteint mon but le plus important, si je puis obtenir que l'attention des industriels, ainsi que celle des vrais amis de la royauté, se fixe sérieusement sur ce point fondamental.

Pour faire sentir aux deux parties intéressées toute l'importance de ce rapprochement, j'ai tâché de leur démontrer séparément : 1° que la principale déviation de la révolution a consisté dans la faute commise par la royauté de se séparer des communes, peu de temps après l'ouverture des états généraux ; et par les communes, de se laisser bientôt entraîner dans une direction hostile à l'égard de la royauté, au lieu de persister, des deux côtés, dans une combinaison de forces politiques dont la bonté était éprouvée, tant pour la royauté que pour les communes, par une expérience de plusieurs siècles ; 2° que, par conséquent, le besoin le plus pressant, dans l'état actuel des choses, pour la royauté et pour les communes, est de revenir immédiatement à cette sage combinaison.

Je fais observer à la royauté, que, si le but réel de la révolution a été manqué jusqu'à présent, et précisément même parce qu'il l'a été, il n'en a pas moins continué de subsister, et il subsiste encore dans toute sa force et dans toute son étendue, excepté que les principaux obstacles à son accomplissement ont été levés; car, pour les corps politiques comme pour les individus, tout besoin réel dure nécessairement jusqu'à ce qu'il ait été satisfait, et il se prononce avec d'autant plus d'énergie, qu'on tarde plus longtemps à le satisfaire. Ainsi, la révolution est bien loin d'être terminée, et elle ne peut l'être que par l'entier accomplissement du but que la marche des choses lui a assigné, c'est-à-dire, par la formation du nouveau système politique.

Il n'est au pouvoir d'aucune force humaine de faire rétrograder ce mouvement naturel, ni même de n'y obéir qu'à demi : ce qu'il peut y avoir de plus avantageux pour la royauté, c'est de se placer à sa tête.

Considérant ensuite la question, quant à l'intérêt particulier et immédiat du pouvoir royal, je prouve que le besoin impérieux de sa conservation lui fait une loi pressante de se liguer le plus promptement et le plus complétement possible avec les industriels, qui peuvent seuls protéger efficacement la royauté contre les attaques de la féodalité napoléonienne. Je fais voir que les préventions du gouvernement contre l'attachement des industriels à la royauté entre les mains de la dynastie actuelle, ne sont nullement fondées. Les industriels étant par position essentiellement amis de l'ordre, et n'ayant en vue, sous le rapport politique, que l'établissement d'un système d'administration économique et utile à l'industrie, il n'y aurait point de possibilité qu'il se formât en eux le moindre désir d'un changement de dynastie, aussitôt que le pouvoir royal aurait clairement prononcé l'intention de faire cause commune avec eux, et d'abandonner à elles-mêmes les deux classes de frelons qui vivent à leurs dépens. Dès ce moment, on verrait les industriels prendre une attitude qui ôterait absolument tout espoir de succès aux ambitieux qui espèrent opérer le renversement de la dynastie actuelle pour placer sur le trône un roi de leur façon.

En m'adressant, d'une autre part, aux industriels, je leur fais voir que le moment est arrivé pour eux d'entrer en activité politique, et de s'occuper directement de leurs intérêts généraux, sans prendre plus longtemps des conseils hors de leur sein, excepté parmi les savants occupés de la culture des sciences d'observation, avec lesquels ils doivent se regarder comme ne faisant qu'un seul et même corps; j'établis que tous les fléaux dont ils ont été accablés depuis le commencement de la révolution, ont eu pour cause première et générale leur inertie politique, leur obstination à confier aux légistes la conduite de leurs intérêts sociaux. Je tâche de l ur faire sentir combien il est absurde, de leur part, d'attendre d'autres que d'eux-mêmes la formation d'un régime économique, et conçu dans l'intérêt de la culture, de la fabrication et du commerce, puisqu'ils sont les seuls qui puissent avoir à la fois et la volonté réelle, et la capacité d'établir un tel système. Je m'efforce de les convaincre que leur inertie est aujourd'hui la seule difficulté véritable qu'ils aient à surmonter, puisque leurs forces sont, sous tous les rapports, et au plus haut degré, prépondérantes.

Raisonnant d'après ces données, je conclus que, si le pouvoir royal, éclairé sur ses plus chers intérêts, se décide à prendre les mesures nécessaires pour mettre les industriels en activité politique, ils devront s'empresser de marcher avec confiance dans la route qui leur sera ouverte. Dans le cas contraire, l'intérêt de la royauté, comme le leur propre, leur fait une loi de prendre l'initiative à cet égard. Dans l'une ou l'autre supposition, le premier acte politique des industriels doit être une déclaration solennelle et énergique qu'ils veulent formellement le maintien de la royauté entre les mains des Bourbons. Cette déclaration est indispensable pour faire cesser les tentatives turbulentes des ambitieux, en leur ôtant tout espoir de succès. Je fais voir aux industriels que les préventions que les bonapartistes tendent à leur inspirer sur le désir des Bourbons de prolonger la durée des pouvoirs abusifs, sont absolument chimériques ; car les Bourbons doivent évidemment tenir beaucoup plus à jouir du pouvoir avec sécurité (ce que la protection des industriels leur garantirait pleinement) qu'à l'étendre au delà de ce qui est nécessaire dans l'état actuel de la société.

Les conclusions générales de cet écrit, relativement aux industriels et à la royauté, sont donc que ces deux puissances ont le plus grand intérêt à s'unir, et que cette combinaison ne saurait être ni trop prompte ni trop intime.

Mais ce résultat n'était point suffisant. Trop

souvent on a donné, soit au gouvernement, soit aux peuples, des conseils qui, bien que justes au fond, n'ont pu être d'aucune efficacité réelle, faute d'avoir été assez précisés, et d'avoir indiqué des moyens d'exécution susceptibles d'être mis sur le champ en activité. J'ai donc cru devoir compléter mon travail en proposant des mesures administratives immédiatement applicables, et qui ont pour objet de commencer à former la ligue des industriels et de la royauté, pour travailler à la coordination et à l'établissement du nouveau système politique. Ces mesures peuvent, d'un côté, être mises facilement à exécution, dès ce moment, par le pouvoir royal, s'il se décide à les adopter. D'un autre côté, je prouve aux industriels qu'ils ont des moyens simples et légaux de déterminer promptement leur adoption par la royauté, au cas où celle-ci serait assez aveuglée pour n'en pas reconnaître avant eux l'efficacité.

On peut voir, par ce court aperçu, que mon travail se compose de trois sortes de considérations. J'établis d'abord la nécessité, pour les industriels et pour la royauté, de combiner leurs forces ; j'expose ensuite les mesures qui peuvent commencer à mettre cette combinaison en activité ; enfin, je fais voir que ces mesures sont susceptibles d'une exécution facile et immédiate.

CONSIDÉRATIONS

SUR LES MESURES A PRENDRE

POUR

TERMINER LA RÉVOLUTION

A MESSIEURS

LES AGRICULTEURS, NÉGOCIANTS, MANUFACTURIERS ET AUTRES INDUSTRIELS QUI SONT MEMBRES DE LA CHAMBRE DES DÉPUTÉS.

PREMIÈRE LETTRE

MESSIEURS,

Sous les rapports les plus essentiels, ce sont les légistes et les métaphysiciens qui dirigent aujourd'hui les affaires publiques : ils occupent les places les plus importantes du gouvernement, leur opinion est prépondérante dans le conseil d'État ; ils ont la majorité dans la chambre des députés ; on peut même les considérer comme étant entièrement maîtres de cette chambre, car ce sont eux qui ont fourni des chefs aux deux partis qui la composent. En un mot, les légistes et les métaphysiciens dominent, au moment actuel, la société dans toutes ses parties et sous tous ses rapports politiques ; ce sont eux qui dirigent les gouvernants ; ce sont eux aussi qui dirigent les gouvernés ; ce sont eux qui font les plans des *ultrà ;* ce sont eux qui font les calculs ministériels ; ce sont eux enfin qui combinent, pour les libéraux, les moyens de s'opposer au retour de l'ancien régime.

Messieurs, les légistes et les métaphysiciens s'occupent beaucoup plus des formes que du fond, des mots que des choses, des principes que des faits ; ils ne sont point habitués à diriger leur attention et leurs travaux vers un but unique, fixe et déterminé : or, de tout cela, il doit résulter, et il résulte en effet que leur esprit s'égare souvent dans le labyrinthe des idées abstraites ; et de tout cela je tire la conclusion suivante :

Tant que ce seront les légistes et les métaphysiciens qui dirigeront les affaires publiques, la révolution n'atteindra point son terme ; le Roi et la nation ne sortiront point de la position précaire dans laquelle ils vivent depuis trente ans, un ordre de choses stable ne s'établira point.

Messieurs, permettez-moi de vous faire une question que j'adresse en même temps à tous les cultivateurs, négociants et manufacturiers de France.

Je vous demande :

1° Si c'est à un légiste que vous vous adressez, quand vous avez besoin d'un conseil relativement à une affaire de culture, de commerce, ou de fabrication ;

2° Si c'est à un légiste que vous confiez le soin de vos affaires, quand vous vous absentez de votre maison ?

A cela vous me répondrez unanimement que vous regardez les légistes comme des faiseurs de phrases ; qu'ils vous paraissent embrouiller tout ce qu'ils veulent éclaircir ; et que, loin de chercher à les introduire dans la direction de vos entreprises, vous évitez avec le plus grand soin d'avoir avec eux d'autres rapports que ceux qui résultent des relations générales, existantes entre tous les membres de la grande société. En un mot, vous déclarez qu'une maison d'industrie vous paraît perdue quand elle se trouve forcée, par les circonstances, à placer son gouvernail dans les mains d'un légiste.

Votre réponse, Messieurs, est un aveu formel

que votre conduite politique actuelle n'est pas celle que vous devriez tenir; car chacun de vous déclarant que les légistes ne sont nullement capables de diriger les intérêts particuliers des agriculteurs, des négociants et des fabricants, il résulte de la collection de vos déclarations individuelles la reconnaissance générale de la faute que vous avez commise, et que vous commettez encore journellement en vous laissant guider par les légistes dans les réclamations que vous faites pour les intérêts généraux de la culture, du commerce et de la fabrication.

Si vous voulez demander des conseils (et je crois que ce sera très-bien vu de votre part), c'est aux physiciens, aux chimistes et aux physiologistes, en un mot aux savants qui composent l'Académie des sciences, et à ceux qui méritent d'y être admis, que vous devez vous adresser. Il n'y a aucun rapport entre vos occupations et celles des légistes. Les objets sur lesquels vous fixez votre attention ne sont pas les mêmes. Les facultés intellectuelles qu'ils exercent, et celles que vous exercez, sont essentiellement différentes : c'est leur esprit qui est toujours en jeu, et ils tendent le plus ordinairement à la subtilité et à l'argutie, tandis que vous rejetez loin de vous toute opération que votre simple bon sens n'est pas en état de juger.

Cessez de vous laisser conduire par les légistes ; renoncez à l'existence politique subalterne dont vous vous êtes contentés jusqu'à ce jour ; élevez-vous à la hauteur des circonstances où vous vous trouvez, elles vous sont extrêmement favorables ; un seul effort généreux suffira pour vous placer en première ligne ; faites-vous une opinion qui vous soit propre, formez un parti qui soit le vôtre.

Examinez les précédents, c'est-à-dire, observez la marche que la civilisation a suivie jusqu'à présent, et vous reconnaîtrez qu'il résulte évidemment de notre passé politique, que la révolution française ne se terminera qu'à l'époque où l'administration des affaires nationales sera organisée de la manière la plus convenable pour assurer la prospérité de l'agriculture, du commerce et de la fabrication.

Vous reconnaîtrez aussi que cette évidence générale donne naissance à plusieurs évidences secondaires, particulièrement aux quatre suivantes :

1° Il est clair que le parti dont l'objet direct sera de déterminer le gouvernement à s'organiser de la manière la plus favorable pour la prospérité de l'industrie, triomphera de tous les partis, et qu'il terminera la révolution.

2° Il est également clair que le noyau du parti qui terminera la révolution se composera principalement de cultivateurs, de négociants, d'artistes et de manufacturiers.

3° Il est hors de doute que si la révolution, qui dure déjà depuis plus de trente années, n'est pas plus avancée, c'est par la raison qu'aucun des partis qui se sont formés ne s'est trouvé composé de la manière convenable ; c'est par la raison que les industriels n'ont joué encore qu'un rôle passif en politique.

4° Enfin, il est évident que votre position de membres de la chambre des députés vous appelle à former le noyau du parti industriel.

Cette première lettre sera suivie de plusieurs autres que j'aurai l'honneur de vous adresser avant l'ouverture de la prochaine session : je vous soumettrai, dans cette correspondance, un plan de conduite politique que j'ai conçu pour vous. Ce plan est simple ; il n'a rien de métaphysique ; il m'a été dicté par le bon sens, et le bon sens vous suffira pour le juger.

Son exécution, qui n'offrira pas de grandes

difficultés, assurera à la maison de Bourbon la paisible jouissance de la royauté héréditaire ; elle garantira aux riches le maintien de la tranquillité publique ; elle assurera aux pauvres la plus grande masse de travail que la société puisse leur procurer, et elle diminuera successivement l'impôt énorme et toujours croissant que la nation supporte sans qu'il en résulte d'avantages pour elle.

J'ai l'honneur d'être, Messieurs, avec le plus entier dévouement aux intérêts politiques des industriels,

Votre très-humble et très-obéissant serviteur,

HENRI SAINT-SIMON.

IIe LETTRE

Messieurs,

Je vous ai annoncé, dans ma Lettre précédente, que je vous indiquerais des moyens d'un succès certain, pour déterminer le Roi à prendre les mesures les plus propres pour assurer la prospérité de la culture, du commerce et de l'industrie manufacturière ;

Je vous ai déclaré que les moyens que je vous indiquerais seraient pacifiques, légaux et d'une exécution peu difficile ;

Je vous ai promis de vous faire connaître la manière de vous y prendre pour forcer le gouvernement à réformer l'administration des affaires publiques, pour le réduire à la nécessité (bien chagrinante à son gré) d'opérer la suppression des places et des dépenses inutiles ;

Je vous ai dit, enfin, que je vous ferais atteindre ce but, sans vous exposer, un seul moment, au reproche d'avoir manqué au respect dû à Sa Majesté.

Je m'empresse, Messieurs, de vous renouveler

les engagements que j'ai contractés à cet égard; mais je vous observe, en même temps, que ce ne sera point au début de cette correspondance que je vous exposerai l'ensemble du projet que j'ai conçu pour l'industrie française.

Si j'ajourne la communication que je dois vous donner de ce projet, ce n'est pas (comme vous pourriez le penser) parce que je ne me trouve point en mesure de m'expliquer nettement à ce sujet; mes idées à cet égard sont complétement éclaircies, car mon travail est prêt :

C'est par la raison que je ne fixerais pas suffisamment votre attention sur mon travail, si je vous le présentais trop brusquement;

C'est par la raison qu'il se trouve une condition préliminaire que je dois remplir avant d'entrer en matière : cette condition est de développer en vous le sentiment des forces, des moyens et de la capacité politique des industriels.

Je commencerai donc, Messieurs, par appeler toute votre attention sur les vérités suivantes.

PREMIER FAIT.

Messieurs,

Il y a plus de vingt-cinq millions de Français

qui sont occupés de travaux relatifs à la culture, au commerce ou à la fabrication : ainsi, les industriels sont en grande majorité dans la nation française.

Ainsi, le Roi ayant admis le principe politique, que la nation doit être gouvernée dans l'intérêt du plus grand nombre des Français, les cultivateurs, les négociants et les manufacturiers ont le droit de demander à Sa Majesté que l'administration des affaires publiques soit organisée de la manière la plus convenable pour assurer la prospérité de la culture, du commerce et de la fabrication.

Ainsi, d'une autre part, les cultivateurs, les négociants et les manufacturiers (leurs ouvriers compris), étant dans la proportion de plus de cinquante contre un à l'égard des autres citoyens, ils se trouvent investis d'une force physique beaucoup plus considérable qu'il n'est nécessaire pour comprimer et même pour dissoudre entièrement toutes les factions qui ont empêché, jusqu'à ce jour, et qui empêchent encore le Roi d'adopter des principes d'administration générale qui soient conformes aux intérêts des industriels.

SECOND FAIT.

Messieurs,

Ce sont incontestablement les cultivateurs, les négociants et les manufacturiers (parmi lesquels je comprends les artistes) qui ont produit toutes les richesses qui existent en France.

Ce sont eux aussi qui possèdent la majeure partie des richesses acquises ; car tous les magasins de quelque importance leur appartiennent.

Les industriels sont donc investis de la plus grande partie de la force pécuniaire possédée par la nation française.

Or, il est évident que la prépondérance pécuniaire des industriels sur les autres Français suffirait, à elle seule, pour leur donner les moyens de forcer le gouvernement à s'organiser conformément aux intérêts des cultivateurs, des négociants et des manufacturiers.

TROISIÈME FAIT.

Messieurs,

Les efforts d'intelligence les plus grands, les plus positifs et les plus utiles sont faits par les cultivateurs, par les négociants, par les artistes et par les manufacturiers, ainsi que par les physiciens, par les chimistes et par les physiologistes qui font corps avec eux, et qui doivent être considérés aussi comme des industriels, puisqu'ils travaillent à découvrir et à coordonner les faits généraux propres à servir de base à toutes les combinaisons de culture, de commerce et de la fabrication.

Ainsi, les industriels ont une supériorité très-prononcée et très-positive d'intelligence acquise sur les autres Français.

Ils sont donc en état de faire de meilleures combinaisons qu'eux;

Il sont donc capables de combiner la marche qu'ils doivent suivre pour déterminer le gouvernement à s'organiser dans leur intérêt, qui est l'intérêt général, c'est-à-dire l'intérêt de la majorité.

QUATRIÈME FAIT.

Messieurs,

Les travaux auxquels se livrent les industriels ont différents degrés de généralité, et il résulte de cette disposition fondamentale une sorte de hiérarchie entre les différentes classes qui composent cette masse énorme de citoyens actifs pour la production.

Ainsi, les industriels peuvent et doivent être considérés comme ayant une organisation et comme formant une corporation.

Et, en effet, tous les cultivateurs et les autres fabricants sont liés entre eux par la classe des commerçants, et tous les négociants ont, dans les banquiers, des agents qui leur sont communs; de manière que les banquiers peuvent et doivent être considérés comme les agents généraux de l'industrie;

Dans cet état de choses, il est facile aux industriels de se combiner et d'agir de concert pour leurs intérêts politiques;

Dans cet état de choses, les premières maisons de banque de Paris se trouvent appelées à diriger l'action politique des industriels;

Dans cet état de choses, la morale impose aux chefs de ces maisons l'obligation de travailler à la formation du parti industriel;

Dans cet état de choses, enfin, le plus puissant et le plus actif de tous les stimulants pousse les chefs des premières maisons de banque de Paris à planter le drapeau industriel; car la carrière qui leur est ouverte, comme agents généraux des intérêts politiques de l'industrie, est celle qui peut leur procurer le plus d'estime, de considération, de bonheur et de richesses.

CINQUIÈME FAIT.

Messieurs,

Dans l'état présent de la civilisation, la première capacité politique est la capacité en administration ; le ministère le plus important est celui des finances, et le gouvernant qui acquerrait la plus grande réputation, serait celui qui produirait le meilleur projet de budget ; c'est-à-dire le projet de ce genre le plus conforme aux intérêts des cultivateurs, des négociants et des manufacturiers.

Or, les industriels sont de tous les Français ceux qui ont fait les meilleures études en administration, parce que leurs capitaux sont toujours en activité, parce que les capitaux qu'ils font valoir sont, par l'effet de leur crédit, triples de ceux qu'ils possèdent, de manière que les fautes qu'ils commettent en administration se trouvent avoir soixante fois plus d'inconvénients que celles dans lesquelles tombent les autres citoyens qui, dans toutes les directions publiques et privées, n'ont habituellement que des revenus à gérer.

Et il résulte évidemment du fait que les industriels sont les citoyens les plus capables en administration :

1° Que c'est un industriel qui doit être chargé de concevoir le projet du budget ;

2° Que les industriels les plus éclairés doivent être chargés de discuter ce projet avant qu'il soit soumis à l'examen des chambres [1] ;

3° Que tout citoyen employé dans les administrations publiques doit avoir fait son apprentissage dans les administrations industrielles.

J'ai l'honneur d'être, Messieurs,

Votre très-humble et très-obéissant serviteur.

1. J'ai examiné, dans mon travail sur la loi des élections, la question de la capacité des *industriels*, et de cet examen il est résulté l'éclaircissement d'un fait du plus haut degré d'importance en politique.

Ce fait est que la richesse est, en général, une preuve de capacité chez les *industriels*, même dans le cas où ils ont hérité de la fortune qu'ils possèdent ; tandis que, dans les autres classes de citoyens, il est toujours vraisemblable que les plus riches sont inférieurs en capacité à ceux qui ont reçu une éducation égale à la leur, et qui ne jouissent que d'une fortune médiocre.

Cette vérité, je le répète, jouera un rôle très-important dans la politique positive.

IIIe LETTRE

MESSIEURS,

Déjà depuis longtemps les industriels sont individuellement libres : ils sont entièrement indépendants des individus attachés aux autres classes de la société ; mais leur corporation porte encore le joug qui lui a été imposé, d'abord par les militaires, ensuite par les légistes.

Pour s'affranchir de la domination des militaires et des légistes (de ces hommes dont les travaux ne sont plus que d'une utilité passagère ou secondaire), la première chose que les industriels ont à faire, ainsi que je vous l'ai dit dans ma dernière Lettre, c'est d'acquérir conscience claire de leurs forces, de leurs moyens et de leur capacité politique.

Celui qui se croit subalterne l'est en effet. — Celui qui se sent capable de jouer le premier rôle est le seul qui donne à ses facultés tout le développement dont elles sont susceptibles. — Si vous vous faites mouton, le loup vous mangera.

La première chose que les industriels ont à faire, c'est de se convaincre, par quelques bonnes réflexions faites le matin, la tête sur leur oreiller, que ce sont les cultivateurs, les négociants, ainsi que les manufacturiers, qui sont appelés, exclusivement à tous autres citoyens, à concevoir et à combiner les moyens de faire prospérer d'une manière générale la culture, le commerce et la fabrication.

C'est l'ignorance dans laquelle ils ont été jusqu'à ce jour de ce fait important, qui les a empêchés jusqu'à présent de faire la démarche simple et qui leur était dictée par le sens commun, de dire au Roi : « Si vous désirez sincèrement que la culture, que le commerce et que la fabrication prospèrent dans vos États, le seul et unique moyen consiste à placer l'administration des affaires publiques dans les mains des industriels. »

Enfin, Messieurs, la première chose que les industriels ont à faire, c'est de s'approprier l'opinion qu'il n'existe aucune force qui puisse s'opposer efficacement à l'admission des mesures qui seront jugées convenables par les cultivateurs, par les négociants et par les manufacturiers, pour faire prospérer la culture, le commerce et la fabrication.

En un mot, la première chose que les industriels ont à faire, est de se bien persuader que les difficultés politiques qu'ils ont à vaincre ne sont point au dehors, mais qu'elles existent au dedans même de leur corporation.

La seconde chose dont les industriels doivent s'occuper, c'est de se familiariser avec les observations suivantes, parce que ces faits, quand ils se les seront appropriés, accroîtront en eux le sentiment du droit qu'ils ont de jouir du premier degré d'importance politique et sociale.

PREMIÈRE OBSERVATION.

Messieurs,

L'existence politique générale de la maison de Bourbon en France, et celle des industriels, ont commencé à la même époque.

C'est dans le XIe siècle que les ancêtres des Bourbons ont placé la couronne de France sur leur tête, et c'est aussi dans le XIe siècle que l'affranchissement des industriels est devenu une mesure de politique générale dans notre pays.

Une chose importante à remarquer, et qui est l'objet de cette première observation, c'est que, depuis cette époque jusques et compris le conmencement de la révolution actuelle, les Bourbons et les industriels se sont prêté un mutuel appui.

Que les Bourbons comparent leur existence politique présente avec celle des premiers rois de leur dynastie, avec celle de Hugues-Capet et de ses premiers descendants, qui n'étaient à l'égard des grands barons que *primi inter pares ;*

Que les Bourbons réfléchissent sur la manière dont s'est passée la lutte qui s'est engagée entre eux et la noblesse, lutte en résultat de laquelle ils sont parvenus à obtenir la totalité du pouvoir exécutif et la presque totalité du pouvoir législatif qui s'exerce dans toute la France;

Et les Bourbons reconnaîtront que leurs prétentions ont toujours été chaudement soutenues par les industriels, et que c'est à l'appui qu'ils ont continuellement reçu d'eux qu'ils sont redevables du haut degré de puissance auquel ils sont parvenus.

La maison de Bourbon doit donc beaucoup de reconnaissance aux industriels.

Que, de leur côté, les industriels fixent leur attention sur la position civile et politique de leurs devanciers, au commencement de la troisième race, ils seront forcés de s'avouer que leurs pères étaient dans l'esclavage;

Qu'ils descendent ensuite, par la pensée, dans les siècles qui se sont écoulés depuis cette époque, en observant l'amélioration successive de leur existence sociale, et en remarquant les causes qui ont principalement déterminé l'accroissement de leur importance civile et politique;

Et ils acquerront la conviction que c'est en partie à la protection continue qui leur a été accordée par la maison de Bourbon contre les seigneurs qui s'étaient constitués leurs maîtres, qu'ils doivent attribuer les succès qu'ils ont obtenus.

Ainsi les industriels doivent éprouver un sentiment de reconnaissance pour la maison de Bourbon ; ils doivent lui être attachés, ils doivent lui donner des preuves de leur attachement.

Messieurs, d'après ce qui vient d'être dit, il est parfaitement clair que les Bourbons et les industriels se doivent réciproquement de la reconnaissance, et qu'ils doivent, par conséquent, éprouver de l'affection les uns pour les autres;

Et il est également clair qu'ils doivent partager entre eux les avantages qui sont résultés des conquêtes qu'il ont faites en commun sur le clergé et sur la noblesse.

SECONDE OBSERVATION.

MESSIEURS,

En mettant de côté les rapports qui ont existé jusqu'à ce moment entre les Bourbons et les industriels, en ne considérant que leur position présente, on s'aperçoit facilement qu'ils ont un grand intérêt à s'unir et même à se liguer complétement ensemble; car c'est le seul moyen pour eux d'obtenir ce qui peut faire l'objet de leurs désirs raisonnables en politique.

Et, en effet, la maison de Bourbon désire nécessairement de donner le plus promptement possible la plus grande solidité imaginable à son nouveau trône, à son trône constitutionnel.

Or, il est évident qu'elle n'a pas encore pris les bons moyens pour atteindre ce but; il est évident qu'elle n'a point encore analysé sa position actuelle; il est évident, enfin, qu'elle n'a encore écouté que des conseillers ignorants, incapables, ou perfides.

Que le Roi prenne la peine d'examiner lui-même le fond des choses, et cet examen lui prouvera que l'ancienne noblesse ainsi que la nouvelle, que l'ordre judiciaire ainsi que le clergé, ne sont point des alliés assez puissants pour mettre les Bourbons à l'abri des entreprises des factieux, et qu'ils peuvent d'autant moins garantir la famille royale des factions, qu'ils sont eux-mêmes les factieux les plus dangereux pour elle.

Le Roi reconnaîtra que les industriels, possédant à eux seuls, ainsi que je l'ai prouvé dans une Lettre précédente, plus des neuf dixièmes de la capacité administrative, de la force physique, de la force pécuniaire, et de la force d'intelligence acquise qui existe dans la nation, l'industrie est le seul arc-boutant suffisamment solide pour que le trône des Bourbons puisse y être adossé avec sécurité.

Et Sa Majesté conclura nécessairement que, pour exercer sans inquiétude le pouvoir royal en France, le seul moyen consiste à gouverner pour les industriels et par les industriels.

Passons à l'examen de ce qui concerne l'industrie.

Depuis plus de trente ans que la révolution est commencée, les industriels ont été constamment le jouet des intrigants. Cela est provenu évidemment de ce qu'ils n'ont pas pris la peine de faire une combinaison politique ayant pour objet direct la prospérité de la culture, du commerce et de la fabrication. Cela est provenu de ce qu'ils n'ont point formé un parti qui fût le leur, c'est-à-dire un parti qui ne fût composé que de cultivateurs, de négociants et de manufacturiers; un parti qui eût pour chefs des cultivateurs, des négociants et des fabricants.

Les industriels reconnaîtront, dès le moment qu'ils auront pris la peine de réfléchir sur leur position actuelle, qu'ils doivent, sans perdre un seul instant, entrer en activité politique sous deux rapports, et prendre les deux partis suivants :

Ils reconnaîtront qu'ils doivent, d'une part, se déclarer franchement les amis, les partisans, les défenseurs de la maison de Bourbon, afin d'ôter tout espoir à la faction qui désire un changement de dynastie, afin aussi d'ôter tout prétexte au ministère pour prolonger la durée des lois d'exception.

Ils reconnaîtront, d'une autre part, qu'ils peuvent demander hardiment au Roi de confier le soin de former le projet de budget à un comité composé d'industriels de profession, puisque cette disposition sera également utile à la royauté et à la nation.

TROISIÈME OBSERVATION.

MESSIEURS,

Les Bourbons et les industriels se sont prêté un mutuel appui depuis le XIe siècle jusqu'à l'époque de la révolution, et ils ont prospéré pendant tout ce long espace de temps.

La ligue entre les Bourbons et les industriels contre les prétentions du clergé et de la noblesse ne s'est point rétablie lors de la rentrée du Roi ; et il est résulté de cette désunion le mal, pour les Bourbons, qu'ils ont eu, et qu'ils ont encore à combattre une faction puissante, qui travaille avec activité à opérer un changemennt de dynastie ;

L'inconvénient pour les industriels, 1° d'être écrasés d'impositions ; 2° que les impositions énormes qu'ils supportent ne sont point employées d'une manière utile pour la culture, pour le commerce et pour la fabrication.

Il est de l'intérêt des Bourbons et des industriels de recombiner leurs forces politiques, et de se liguer de nouveau contre les prétentions du clergé, et contre celles de la noblesse, tant ancienne que nouvelle.

Les Bourbons et les industriels ont, dans le moment présent, tous les moyens nécessaires pour se prêter mutuellement un solide appui ; et en employant convenablement leurs forces, ils assureront leur commune prospérité.

Voilà, Messieurs, trois vérités incontestables, et que je crois avoir suffisamment établies dans les deux observations précédentes ; maintenant il est de mon devoir, comme publiciste, de proclamer une quatrième vérité qui mérite de fixer l'attention des vrais amis de la maison de Bourbon.

Cette quatrième vérité est qu'il existe, sous un rapport très-important, une grande différence entre la position des industriels et celle des Bourbons.

Les industriels sont certains d'atteindre leur but un peu plus tôt ou un peu plus tard ; c'est-à-dire, ils sont certains d'obtenir que l'administration des affaires publiques soit organisée de la manière la plus convenable pour la culture, pour le commerce et la fabrication.

Mais les Bourbons n'ont pas un moment à perdre pour donner de la solidité à leur trône[1].

J'ai l'honneur d'être, Messieurs,

Votre très-humble et très-obéissant serviteur.

1. Je m'attends à être dénoncé pour la hardiesse de mes opinions ; mais cette dénonciation ne m'inquiète point, parce que je suis certain de démontrer la pureté de mes intentions et l'utilité de mon travail pour la famille royale.

Les Bourbons sont dans une fausse position, et cette fausse position les expose aux plus grands dangers : ce sont deux faits incontestables, et qu'il ne faut point dissimuler au Roi. Il faut dire à Sa Majesté la vérité tout entière ; il faut la convaincre que le seul moyen efficace qu'elle puisse employer pour établir un ordre de choses stable, consiste à appeler immédiatement les cultivateurs, les négociants et les manufacturiers à son secours ; qu'il consiste à placer la haute administration dans les mains de ces industriels, en confiant à une commission, prise dans leur sein, le soin de faire le projet du budget.

IVe LETTRE

MESSIEURS.

En résumant mes Lettres précédentes, je vous dirai que, depuis le commencement de la révolution, vous n'avez pas fait un seul moment ce que vous auriez dû faire, et que la royauté n'a pas agi plus sensément que vous ; car elle n'a pas tenu la conduite qu'elle aurait dû tenir.

Pendant toute la révolution, la royauté et l'industrie se sont laissé diriger tantôt par les sabreurs et tantôt par les parleurs ; aujourd'hui encore la magistrature suprême, ainsi que toute la classe occupée de travaux utiles, porte le joug des légistes.

La maison de Bourbon ne s'est point occupée de se faire une opinion qui lui fût propre, ni d'organiser un parti qui fût le sien ; et les industriels ont commis, de leur côté, la même faute que les Bourbons. Ces deux puissances ont oublié qu'elles avaient toujours été alliées depuis l'origine de leur existence politique, et que leur grandeur acquise était le résultat de la combinaison de leurs forces.

Les Bourbons et les industriels se sont désunis, et c'est leur désunion qui a donné au clergé et à la noblesse le moyen de se refaire une existence politique ; c'est elle qui a donné naissance au parti anti royal et anti national qui s'est formé dans ces derniers temps, et qui s'oppose de tout son pouvoir à l'établissement d'un ordre de choses stable.

Si la maison de Bourbon, d'une part, si l'industrie, de son côté, ont suivi une mauvaise route, c'est par la raison qu'elles n'ont pas développé l'énergie qu'exigeaient les circonstances, et qu'elles ont pris des guides, tandis qu'elles devaient choisir elles-mêmes le chemin qu'il leur convenait de suivre pour atteindre une position avantageuse et solide.

Il a existé une époque à laquelle les militaires ont dû dominer la société ; et ils ont, en effet, exercé sur elle un grand empire. Cette époque a été celle de l'ignorance.

Les métaphysiciens et les légistes ont dû jouer ensuite le premier rôle ; car ce sont eux qui ont mis en évidence les vices de la féodalité, et ils ont, en effet, fixé la principale attention de la société sur leurs discours et sur leurs écrits. Cette époque a été celle de la demi-science.

Mais, Messieurs, le progrès des lumières a enfin amené le régime du sens commun, et le sens commun n'est ni violent, ni bavard ; il n'est ni militaire, ni légiste.

Les organes naturels, les seuls véritables organes du sens commun, ou de l'intérêt commun, sont les industriels, par la raison que la force des choses contraint les cultivateurs, les négociants, ainsi que les fabricants, à mener de front la combinaison de l'intérêt général avec les calculs relatifs à leurs intérêts particuliers.

Ainsi le Roi doit placer définitivement sa confiance dans les industriels ; il doit les charger de la direction générale de l'administration publique.

Maintenant, Messieurs, c'est au Roi que je vais m'adresser. Dans un écrit que je vais faire imprimer, et que j'aurai l'honneur de vous envoyer, je démontrerai clairement à Sa Majesté que son intérêt, que l'intérêt de sa dynastie, et même que l'intérêt de la royauté, exigent que l'administration des affaires publiques soit dirigée par des industriels de profession.

A la suite de ce travail, j'exposerai, tant à Sa Majesté qu'à vous, Messieurs, les mesures à prendre pour terminer immédiatement la révolution, en commençant l'organisation du régime le plus favorable à la prospérité de la culture, du commerce et de la fabrication.

Je prouverai à Sa Majesté :

1° Que l'adoption de ces mesures est le meilleur et même le seul moyen qu'elle puisse employer pour donner de la solidité à son trône ;

2° Que l'adoption de ces mesures n'éprouvera de la part de la nation aucune difficulté, et que ces mesures seront même accueillies par elle avec enthousiasme.

Et à vous, Messieurs, je vous prouverai :

1° Que l'adoption de ces mesures satisfera tous les désirs politiques raisonnables des cultivateurs, des négociants et des manufacturiers ;

2° Qu'il vous sera facile, par des moyens pacifiques et légaux, de déterminer Sa Majesté à adopter ces mesures, dans le cas où elle en serait détournée par des personnes ignorantes ou mal intentionnées.

J'ai dû faire précéder l'exposition des moyens à employer pour terminer la révolution, d'une part, des considérations préliminaires que je vous ai présentées ; et, d'une autre part, de celles que je vais soumettre à Sa Majesté ; parce que, sans cette précaution, le plan que j'ai conçu n'aurait pas suffisamment fixé votre attention, ni celle du Roi.

Les choses les plus simples sont, Messieurs, celles qu'on trouve les dernières. Vous serez, j'ose le dire, étonnés de la simplicité des moyens que je vous présenterai pour terminer la révolution : le seul bon sens suffira pour les apprécier, le seul bon sens suffira également pour les mettre à exécution ; et cependant le succès en sera parfaitement certain.

J'ai l'honneur d'être, Messieurs,

Votre très-humble et très-obéissant serviteur.

AU ROI,

SIRE,

La sollicitude des souverains est concentrée, depuis plusieurs années, et principalement aujourd'hui, sur l'état du corps social.

En France, ainsi que dans les autres pays occidentaux de l'Europe, tous les hommes sages comtemplent avec anxiété la crise dans laquelle la société se trouve engagée; tous les bons esprits, quelles que soient d'ailleurs leurs opinions sur la nature de cette crise et sur les moyens de la faire cesser, reconnaissent l'impossibilité absolue que la situation politique actuelle puisse être durable : tous proclament la nécessité d'arriver enfin à un ordre de choses stable. Ce besoin est aujourd'hui profondément senti, tant par les peuples que par les princes, chacun pour leurs intérêts respectifs.

L'existence du mal étant suffisamment constatée et admise, on ne peut plus s'occuper que de chercher le remède. Malheureusement tous les efforts faits jusqu'à ce jour, dans cette vue, par les hommes d'État et par les publicistes, n'ont point sensiblement avancé la solution de la question. Cela est manifeste, puisque, malgré tant de travaux théoriques et de tentatives pratiques, les gouvernants et les gouvernés sont toujours à peu près également mécontents de l'état des choses, également inquiets de leur avenir, également incertains sur la marche qu'ils doivent adopter.

Il faut nécessairement conclure d'un tel fait, que les recherches des hommes d'État et des publicistes, pour rétablir le calme dans l'ordre social, ont été jusqu'à présent mal dirigées.

Si l'on essaye de remonter plus haut, et de déterminer en quoi leur marche a été vicieuse, on trouve que c'est pour avoir presque exclusivement fondé leurs raisonnements sur des principes purement métaphysiques, et sur une analyse superficielle de l'état social actuel, au lieu de leur avoir donné pour base la série des grandes observations historiques relatives à la marche de la civilisation. C'est ce qu'il est aisé de prouver par les réflexions suivantes qu'il suffit d'indiquer sommairement.

A considérer la grande question politique sous le point de vue le plus facile à saisir pour les gouvernements, elle se réduit tout entière à déterminer quel est l'ordre de choses qui peut aujourd'hui acquérir de la stabilité.

Or, la seule constitution solide et durable est évidemment celle qui s'appuie sur les forces temporelles et spirituelles, dont l'influence est actuellement devenue prépondérante, et dont, en même temps, la supériorité tend à se prononcer de plus en plus, par la seule marche naturelle des choses. Cela posé, il n'est pas douteux que l'observation du passé ne soit le seul moyen de découvrir sans incertitude quelles sont ces forces, et d'évaluer aussi exactement que possible leur tendance et leur degré de supériorité. Il s'ensuit donc que l'étude de la marche de la civilisation doit être la base des raisonnements politiques propres à diriger les hommes d'État dans la formation de leurs plans généraux de conduite. C'est parce que les plus capables même d'entre eux n'ont jamais suivi cette méthode ; c'est parce qu'ils se sont bornés à analyser l'état présent de la société, abstraction faite de ceux qui l'ont précédé, que leur politique est restée jusqu'ici sans bases véritables.

Aucune analyse du présent, ainsi considérée d'une manière isolée, avec quelque habileté qu'on la suppose faite, ne peut fournir que des données très-superficielles, et même entièrement erronées; car elle expose perpétuellement à confondre, et à prendre les uns pour les autres, deux sortes d'éléments qui coexistent toujours dans l'état actuel d'un corps politique, et qu'il est si essentiel de distinguer ; savoir, les restes d'un passé qui s'éteint, et les germes d'un avenir qui s'élève.

Cette distinction, utile à toutes les époques pour l'éclaircissement des idées politiques, est fondamentale aujourd'hui, où nous touchons à la plus grande révolution de l'espèce humaine.

Or, comment discerner, sans être guidé par l'observation approfondie du passé, les éléments sociaux relatifs au système qui tend à disparaître, de ceux correspondant au système qui tend à se constituer?

Et, sans avoir fait scrupuleusement cette distinction, quelle sagacité humaine pourrait éviter de prendre souvent, pour les forces réellement prépondérantes, des forces dont il ne reste plus que l'ombre, et qui ne sont, pour ainsi dire, que des êtres métaphysiques?

Il est donc tout à fait indispensable aux gouvernements, pour voir la crise sociale actuelle sous son aspect véritable, et pour découvrir le vrai moyen de la terminer, de donner pour base à leurs raisonnements les résultats généraux auxquels conduit la série des observations sur la marche de la civilisation.

Mais il faut considérer, de plus, que cette série ne peut être fort instructive et fort utile qu'autant qu'elle est prise de très-haut, et qu'elle s'attache à l'ensemble du système social, ou à ses éléments les plus essentiels. Datée d'une époque trop rapprochée, ou suivie sous un point de vue trop particulier, elle pourrait engendrer des erreurs nouvelles : on en citerait aisément de nombreux exemples.

L'époque de la formation de nos sociétés modernes, au moyen âge, me paraît être le point de départ le plus convenable. L'observation[1] philosophique du passé, depuis cette époque, fournit un fait général éminemment remarquable, qui suffit pour établir sur une base positive et très-large la politique actuelle des gouvernements.

C'est à l'exposition sommaire de ce fait et de

1. J'ai traité ailleurs (dans la 2e livraison de l'*Organisateur*) cette série d'observations, d'une manière plus détaillée et plus complète : je dois me borner ici à la présenter sommairement, et seulement sous le point de vue le plus essentiel à la royauté.

ses principales conséquences que je me bornerai dans cet écrit, que je prends la liberté d'adresser à Votre Majesté.

SIRE,

La prédication du christianisme en Europe, et la conquête de l'empire d'Occident par les peuples du Nord, ont jeté les fondements de la société moderne. Elle a commencé en France vers le ve siècle. Mais elle ne s'est constituée d'une manière régulière que vers le XIe siècle, par l'établissement général de la féodalité, et par l'organisation complète du pouvoir spirituel sous Hildebrand et ses premiers successeurs.

Dans cet ancien ordre de choses, tout le temporel de la société était entre les mains des militaires. Toutes les propriétés mobilières et immobilières leur appartenaient exclusivement. Les travailleurs même étaient leurs esclaves, individuellement et collectivement.

De même le clergé, qui partageait d'ailleurs avec les militaires les bénéfices temporels de la féodalité, possédait exclusivement la direction spirituelle de la société non-seulement dans son ensemble, mais encore dans tous ses détails. Il dirigeait seul l'éducation générale et particulière, et, en outre, ses doctrines et ses décisions servaient de guides à l'opinion et à la conduite de tous les hommes, à toutes les époques, ainsi que dans toutes les circonstances de la vie.

Cette constitution politique s'est maintenue pendant plusieurs siècles, indépendamment de l'action de la force qui l'avait primitivement établie, parce qu'elle était en rapport avec l'état de la civilisation à cette époque. L'industrie était alors dans l'enfance, et la guerre devait être pour les peuples la principale occupation, soit comme moyen de s'enrichir, soit comme moyen de repousser les attaques dont ils étaient sans cesse menacés. Par cette double circonstance, les militaires devaient tout naturellement être investis du premier degré de puissance et de considération, et les industriels ne pouvaient être classés qu'en subalternes. De même, les sciences positives n'existant point encore, et le clergé étant le seul corps qui possédât quelques lumières, il était de toute nécessité qu'il exerçât un empire absolu sur les esprits, qu'il dirigeât exclusivement les consciences, et, par suite, qu'il jouît dans la société d'une existence proportionnée à ses éminentes fonctions.

Deux événements principaux, amenés par la marche naturelle de la civilisation, et secondés dans leur action par une foule d'événements importants qui tenaient à cette marche d'une manière plus ou moins étroite, ont irrévocablement détruit peu à peu cette constitution, parce qu'ils ont peu à peu changé de fond en comble l'état de société auquel elle correspondait. Ces deux événements sont l'affranchissement des communes et la culture des sciences positives, introduites en Europe par les Arabes.

Les industriels, primitivement esclaves, sont parvenus, à force de travail, de patience, d'économie et d'invention, à grossir le petit pécule que leurs maîtres leur avaient permis de former. Enfin, les militaires, pour se procurer plus aisément les jouissances que leur offraient les nouveaux produits créés par les industriels, ont consenti à leur rendre la libre disposition de leurs personnes et du produit de leurs travaux.

Cet affranchissement ayant permis à l'industrie de se développer, elle a fait, depuis cette époque, des progrès non interrompus et toujours croissants. Le cercle des besoins et des jouissances s'étant par là continuellement agrandi, il en est résulté qu'en même temps que les industriels ont créé par leurs travaux une masse énorme de nouvelles propriétés, les nobles leur ont vendu successivement des portions de plus en plus grandes de leurs propriétés mobilières et immobilières.

Par l'action lente, mais continue, de ces deux causes permanentes, qui concourent au même but, l'état de la propriété a été tellement interverti, que la masse des industriels, y compris les cultivateurs, possède aujourd'hui la très-majeure partie des richesses totales.

Ce changement en a entraîné un autre dans la tendance générale de la société.

A mesure qu'elle s'est enrichie par l'industrie, la guerre a perdu de son importance sous le rapport offensif.

Et la même révolution s'étant opérée chez tous les peuples occidentaux de l'Europe, la guerre défensive est aussi devenue de moins en moins importante.

Il est résulté de là que la profession des armes ne peut plus jouer, dans la société, qu'un rôle très-subalterne.

Cet effet naturel a été puissamment secondé par l'invention de la poudre, qui a fait disparaître l'éducation guerrière comme éducation spéciale, et qui a rendu la force militaire essentiellement dépendante de l'industrie; de telle sorte qu'aujourd'hui les succès militaires sont assurés aux peuples les plus riches et les plus éclairés.

Cet accroissement successif de l'industrie, et ce décroissement correspondant de la féodalité, sous le rapport civil, ont été accompagnés d'une influence politique toujours croissante de la classe industrielle aux dépens de la classe féodale.

Vos ancêtres, Sire, ont puissamment secondé, sous ce rapport essentiel, la marche naturelle des choses; et, par le concours permanent de ces deux causes, la puissance politique des nobles a été presque entièrement détruite, en même temps que leur force civile s'est éteinte.

Si l'on observe maintenant la société, sous le rapport spirituel, on trouvera qu'il s'y est opéré un changement tout aussi complet.

Quand les sciences d'observation furent introduites en Europe par les Arabes, le clergé commença par les cultiver; mais bientôt il les abandonna irrévocablement, et elles passèrent entre les mains d'une classe distincte, qui, dès lors, a formé un nouvel élément dans la société.

Par les immenses progrès que les sciences

ont faits depuis, la supériorité de lumières du clergé, qui était le véritable fondement de sa puissance spirituelle, a totalement disparu. Les esprits, en s'éclairant, ont peu à peu perdu leur soumission absolue aux croyances théologiques. Enfin, l'influence politique de ces croyances, et même leur influence morale, ont été détruites dans leur base, du moment qu'on a admis pour chaque individu le droit de les soumettre à la discussion, et de les adopter ou de les rejeter d'après ses lumières personnelles.

A mesure que les opinions du clergé ont cessé de devenir dominantes, celles des savants, sur les objets de leur ressort, ont commencé à faire autorité, même dans les cas où elles se sont trouvées en contradiction manifeste avec les premières.

Aujourd'hui, les décisions scientifiques sont les seules qui aient le pouvoir de commander une croyance universelle. Les décisions théologiques n'ont d'influence réelle que sur les classes les moins éclairées de la société; encore même cette influence y est-elle assez faible, et nullement comparable à celle qu'exercent, sur les mêmes classes, les opinions des savants.

C'est un fait qu'on peut déplorer, mais qu'il

faut absolument reconnaître, et qu'il est de la plus haute importance de ne perdre jamais de vue, sous peine de se tromper complétement sur la manière de remédier à l'état de désordre dans lequel la société est plongée.

Ce qui précède est l'exposé sommaire des observations les plus générales que présente l'ensemble des principaux faits politiques depuis sept ou huit cents ans. Cet exposé peut lui-même être fidèlement résumé par l'énoncé du fait général suivant :

« Les forces temporelles et spirituelles de la « société ont changé de mains. La force tempo- « relle véritable réside aujourd'hui dans les in- « dustriels, et la force spirituelle dans les « savants. Ces deux classes sont, en outre, les « seules qui exercent sur l'opinion et sur la con- « duite du peuple une influence réelle et perma- « nente. »

C'est ce changement fondamental qui a été la véritable cause de la révolution française. Cette grande crise n'a point eu sa source dans tel ou tel fait isolé, quelque importance réelle qu'il ait pu avoir d'ailleurs. Il s'est opéré un bouleversement dans le système politique, par la seule raison que l'état de société auquel correspondait l'ancienne constitution avait totalement changé de nature. Une révolution civile et morale, qui s'exécutait graduellement depuis plus de six siècles, a engendré et nécessité une révolution politique : rien n'était plus conforme à la nature des choses. Si l'on veut absolument assigner une origine à la révolution française, il faut la dater du jour où a commencé l'affranchissement des communes et la culture des sciences d'observation dans l'Europe occidentale.

Avant de tirer du résumé précédent les conséquences relatives au plan de conduite que me paraissent devoir adopter aujourd'hui les gouvernements, il est nécessaire de jeter un coup d'œil sur la marche qu'a suivie jusqu'à ce jour la révolution française, et sur ses principaux résultats. Quoique l'état fondamental de la société soit essentiellement resté tel que je viens de le dépeindre, et qu'il n'ait fait seulement que se développer davantage, les événements l'ont surchargé d'éléments purement accidentels, qui tendent à en faire méconnaître le véritable caractère.

Puisque la révolution française avait pour cause fondamentale le changement des forces qui s'était opéré au temporel et au spirituel, le seul moyen de la diriger convenablement était, sans doute, de mettre en activité politique directe les forces qui étaient devenues prépondérantes; et tel est encore aujourd'hui le seul moyen de la terminer. Il fallait donc appeler les industriels et les savants à former le système politique correspondant au nouvel état social. C'est ce que paraît avoir senti, Sire, votre illustre et malheureux frère, en accordant au tiers état une double représentation dans les états généraux.

La révolution a donc été bien commencée. Pourquoi a-t-elle été presque immédiatement jetée dans une fausse route? C'est ce qu'il importe d'éclaircir; et, pour cela, il est nécessaire de remonter plus haut.

Il est dans la nature de l'homme de ne pouvoir passer sans intermédiaire d'une doctrine quelconque à une autre. Cette loi s'applique bien plus impérieusement encore aux différents systèmes politiques par lesquels la marche naturelle de la civilisation oblige l'espèce humaine à passer. Ainsi, la même nécessité, qui a créé dans l'industrie l'élément d'un nouveau pouvoir temporel destiné à remplacer le pouvoir militaire, et, dans les sciences positives, l'élément d'un nouveau pouvoir spirituel appelé à succéder au pouvoir théologique, a dû développer et mettre en activité (avant que ce changement dans l'état de la société eût commencé à devenir très-sensible) un pouvoir temporel et un pouvoir spirituel d'une nature intermédiaire, bâtarde et transitoire, dont l'unique rôle était d'opérer la transition d'un système social à l'autre.

Pour passer du principe militaire au principe industriel, il a dû se former un principe intermédiaire, qui, en reconnaissant la suprématie du premier, assujettit cependant l'action de la force à des limitations et à des règles puisées dans l'intérêt des industriels.

De même, pour passer du pouvoir théologique fondé sur la révélation au pouvoir scientifique fondé par la démonstration, il a dû s'établir un pouvoir moyen qui, en admettant la supériorité de certaines croyances religieuses fondamentales, fît accorder le droit d'examen sur tous les articles secondaires. La méditation ferait deviner ces deux faits généraux, si l'histoire ne nous les faisait point connaître.

Or, l'histoire nous montre que ces deux classes intermédiaires ont été, pour le temporel, celle des légistes, et, pour le spirituel, celle des métaphysiciens.

Les légistes, qui n'étaient à l'origine que des agents des militaires, ont bientôt formé une classe distincte qui a modifié l'action féodale par l'établissement de la jurisprudence, laquelle n'a été qu'un système organisé de barrières opposées à l'exercice de la force.

Pareillement, les métaphysiciens[1], sortis d'abord du sein de la théologie sans cesser jamais de fonder leurs raisonnements sur une base religieuse, ont modifié l'influence théologique par l'établissement du droit d'examen en matière de dogme et de morale.

Leur action, qui a commencé principalement à la réforme du XVIe siècle, s'est terminée, dans le siècle dernier, par la proclamation du principe de la liberté illimitée de conscience.

Il résulte de cet état nécessaire de choses que, dans les deux ou trois derniers siècles, ce sont les légistes et les métaphysiciens qui ont occupé presque exclusivement la scène politique, et que les communes ont peu à peu contracté l'habitude

1. C'est évidemment par eux que la transition s'est opérée, au spirituel, en Angleterre et en Allemagne.

En France, ce sont surtout les gens de lettres qui ont joué ce rôle. Mais, comme tous leurs principes ont été essentiellement métaphysiques, j'ai cru devoir adopter la dénomination de *métaphysiciens*, de préférence à celle de *littérateurs*, comme étant à la fois plus générale et plus caractéristique.

de voir en eux les défenseurs nés de leurs intérêts généraux.

Comme ils avaient effectivement très-bien rempli la tâche que la marche naturelle de la civilisation leur avait assignée, les communes, prenant d'une manière absolue ce qui n'était vrai que relativement, n'ont pas cru pouvoir mieux faire, lorsqu'elles ont été appelées à former les états généraux de 1789, que de leur confier la cause industrielle.

Cette faute capitale des communes, qui tenait à leur ignorance politique, a été le motif principal de la fausse direction que la révolution a prise dès son origine.

Les communes auraient dû s'apercevoir que la transition était terminée, ou du moins suffisamment avancée, et que, par conséquent, le rôle des légistes et des métaphysiciens était fini, au moins comme rôle principal.

Elles auraient dû considérer que l'objet propre de la révolution étant la formation d'un nouveau système politique, les légistes et les métaphysiciens, dont tous les travaux se bornaient à imaginer des modifications, étaient, par cela même, incapables de diriger sainement cette révolution; elles auraient dû penser que les savants et les industriels les plus habiles étaient les seuls propres à remplir cette tâche; en un mot, elles auraient dû choisir leurs conseillers dans leur sein.

Les légistes et les métaphysiciens, ainsi appelés à la formation du nouveau système politique, n'ont pu que continuer à suivre leurs habitudes constantes, et ils se sont occupés uniquement d'établir un système très-étendu de garanties pour les gouvernés, et de barrières contre les gouvernants, sans s'apercevoir que les forces contre lesquelles ils voulaient encore se précautionner étaient presque éteintes.

Quand ils ont voulu aller plus loin, il se sont jetés dans la question absolue du meilleur gouvernement imaginable; et, toujours dirigés par les mêmes habitudes, ils l'ont traité comme une question de jurisprudence et de métaphysique. Car, en effet, la théorie des droits de l'homme, qui a été la base de tous leurs travaux en politique générale, n'est autre chose qu'une application de la haute métaphysique à la haute jurisprudence.

Il est inutile de rappeler ici les idées absurdes que cette méthode a engendrées, et les déplorables conséquences pratiques qui en ont résulté. Quelque funestes qu'aient été ces suites de la fausse manière de procéder suivie par les légistes et les métaphysiciens, il serait peu philosophique de leur en faire un reproche, puisque cette manière était la seule qui leur fût propre, et que son vice radical consistait uniquement à n'être point appropriée aux questions qu'ils ont été chargés de traiter.

Toute la faute était donc, en dernière analyse, l'ouvrage des communes qui avaient choisi leurs représentants dans les classes où elles n'auraient pas dû les prendre. Tous les grands désastres de notre révolution auraient été évités, si les industriels, répondant au noble appel du pouvoir royal, s'étaient choisi des chefs parmi eux.

Le simple bon sens dirige mieux que les fausses lumières. Si les communes avaient elles-mêmes traité leurs intérêts, elles ne se seraient point livrées à ces discussions métaphysiques sur les droits de l'homme; elles se seraient bornées à suivre leur propre expérience politique. De même qu'elles avaient jadis racheté leur liberté, elles auraient alors racheté des militaires, la portion des droits politiques qu'ils continuaient à exercer, et qui pesait sur elles. L'abolition de la féodalité, au lieu de se faire par la violence, se serait opérée en vertu d'un arrangement à l'amiable, et la révolution aurait eu, dès son origine, le caractère d'une réforme paisible.

De plus, elle aurait été bientôt terminée ; car les communes, sachant nettement ce qui leur convenait, et ne se dirigeant que d'après des idées positives, seraient entrées directement dans la route du nouveau système politique, qui se serait ensuite graduellement formé, suivant le cours ordinaire des choses, à mesure que les idées se seraient éclaircies.

Sire, si j'ai cru devoir insister sur l'explication précédente, ce n'est point pour exprimer sur le passé de vains regrets : c'est parce que la faute commise par les industriels au commencement de la révolution, et qui lui a imprimé une si mauvaise direction, est encore aujourd'hui le principal obstacle à l'établissement d'un ordre de choses stable, conforme aux intérêts de la royauté et des communes.

Je suis profondément convaincu que Votre Majesté ne saurait rendre à sa dynastie un service plus essentiel, que d'employer son influence à vaincre l'inertie politique des industriels, et leur obstination à confier aux légistes et aux métaphysiciens la conduite de leurs intérêts généraux. D'ailleurs, l'observation sur laquelle cette opinion est fondée, vraie relativement aux communes, l'est aussi, et par les mêmes raisons, relativement au pouvoir royal.

Si, dans l'état politique actuel, les légistes et les métaphysiciens sont impropres à diriger les intérêts généraux des communes, ils le sont également, par cela même, à servir de conseillers à la royauté. Je me borne ici à indiquer cette réflexion, qui se reproduira d'elle-même à la fin de cet examen.

Après avoir expliqué la direction que la révolution a prise, je passe à l'observation des principaux résultats qu'elle a produits jusqu'à la restauration.

Ceux auxquels il est le plus nécessaire d'avoir égard, dans les considérations actuelles, sont, sous le rapport temporel, l'abolition des priviléges féodaux, la vente des biens de la noblesse et du clergé, et la naissance d'une nouvelle féodalité; sous le rapport spirituel, l'établissement solennel du principe de la liberté de conscience.

La Charte accordée par Votre Majesté a consacré ensuite ces différents résultats.

La vente des biens de la noblesse et du clergé fut un acte de violence, en dehors du cours naturel des choses, et la formation d'une féodalité nouvelle fut un résultat de la fausse direction que la révolution avait suivie dès son origine. Mais l'abolition de l'ancienne féodalité et l'établissement de la liberté religieuse n'ont eu nullement ce caractère accidentel. Ces deux effets ont été la conséquence nécessaire de la marche de la société dans tous les siècles antérieurs, depuis l'affranchissement des communes, et l'introduction des sciences positives en Europe par les Arabes.

On ne peut les envisager que comme le complément naturel de la décadence de l'ancien système social, qui s'était opérée par degrés jusqu'alors.

On a souvent remarqué que l'exécution d'une grande entreprise, de quelque nature que ce soit, est presque toujours attribuée en totalité à celui qui y a mis la dernière main, quoiqu'il n'y ait contribué d'ordinaire que pour la plus petite partie. C'est par le même motif que les esprits superficiels rapportent à la révolution française la chute de l'ancien système social. La réflexion la plus simple aurait dû cependant garantir d'une erreur aussi palpable, qui a été néanmoins la source d'une foule de mauvais raisonnements, tant de la part des admirateurs de la révolution, que de celle de ses détracteurs. Il suffisait de se demander par quel miracle un édifice dont la construction a exigé plus de six cents ans d'efforts et de travaux de tous genres, a pu être détruit en un instant, si l'on admet, d'un autre côté, qu'il ait subsisté sans altération pendant sept à huit siècles.

L'abolition de la féodalité, opérée par l'assemblée constituante, n'a été que la suppression d'un reste d'autorité politique que les nobles avaient encore conservé, et qui ne consistait que dans quelques droits, presque insignifiants en eux-mêmes, quoique fort onéreux pour les communes. C'est depuis Louis le Gros jusqu'à Louis XI, et depuis ce monarque jusqu'à Louis XIV, qu'a été réellement effectuée la destruction de la féodalité. Ce que la révolution lui a enlevé, n'est absolument d'aucune importance, auprès de ce qu'elle a perdu dans cet intervalle.

La même réflexion s'applique avec plus d'évidence encore au pouvoir spirituel. La proclamation du principe de la liberté de conscience, qui détruit dans sa racine toute autorité théologique, n'a été que l'expression solennelle de l'état des esprits, longtemps avant la révolution.

Cet état résultait lui-même immédiatement de la marche de la civilisation, depuis l'époque où les sciences positives commencèrent à être cultivées dans l'Europe occidentale, et, plus particulièrement, depuis la découverte de l'imprimerie et la réforme du XVIe siècle. Cette marche des choses nécessitait alors aussi inévitablement l'extinction du pouvoir théologique, qu'elle avait jadis nécessité son établissement sous Hildebrand, par l'état moral où la société s'était trouvée dans les quatre ou cinq siècles qui précédèrent le règne de ce pontife.

Ainsi, les effets propres de la révolution ne sont nullement en rapport d'importance avec l'idée qu'on s'en forme communément. Cette époque n'a été que le dernier période de la décadence de l'ancien système social, décadence qui s'opérait depuis cinq à six siècles, et qui était alors presque complète. Le renversement de ce système n'a point été l'effet, encore moins l'objet de la révolution ; il en a, au contraire, été la véritable cause. Le but réel de la révolution, celui que la marche de la civilisation lui a assigné, était la formation d'un nouveau système politique. C'est parce que ce but n'a pas été atteint, que la révolution n'est point encore terminée.

L'état de désordre moral et politique dans lequel la France et les autres pays occidentaux de l'Europe sont aujourd'hui plongés tient uniquement à ce que l'ancien système social est détruit sans que le nouveau soit encore formé. Cette crise ne cessera, et l'ordre ne s'établira sur des bases solides que lorsque l'organisation du nouveau système sera commencée et en pleine activité. Voilà ce que démontre de la manière la plus évidente l'observation approfondie de la marche de la civilisation, suivie sans interruption, depuis l'affranchissement des communes et l'introduction des sciences positives en Europe par les Arabes, jusqu'à nos jours.

Tel était donc l'état des choses, à l'époque du retour de Votre Majesté, et cet état n'a point changé depuis. Il existait dans la société deux sortes de force d'une nature opposée.

Les unes, caduques, impuissantes, bien loin de pouvoir servir d'appui, étaient incapables de se soutenir plus longtemps par elles-mêmes : c'étaient celles de l'ancienne féodalité, avec laquelle le clergé faisait cause commune, et celles de la féodalité nouvelle [1].

1. Je n'hésite pas à mettre au nombre des forces caduques,

Les autres, au contraire, viriles, toutes-puissantes, composaient les véritables forces constituantes, au temporel et au spirituel : elles résidaient dans les industriels, d'une part ; dans les savants et les artistes, de l'autre.

D'après ces données, le plan de conduite politique que devaient se former les ministres de Votre Majesté, se présentait de lui-même. Il consistait à abandonner à leur destinée (en indemnisant les individus) des classes que la marche des choses avait condamnées à la mort politique, et à mettre en activité les forces devenues prépondérantes.

Au lieu de cela, qu'a fait le ministère ?

Il a considéré les deux noblesses comme les classes que la royauté devait chercher à s'atta-

celles de la nouvelle féodalité, malgré sa création toute récente.

Il est en effet évident que, dans l'état actuel de la civilisation, la formation d'une féodalité étant absolument opposée à la marche des choses, ne peut avoir aucun effet durable. Les efforts de Bonaparte pour reconstituer, au XIXe siècle, une féodalité militaire, sur le même plan que celle de Clovis, sont, sous le rapport temporel, ce qu'étaient, sous le rapport spirituel, les efforts de l'empereur Julien pour redonner de la force au paganisme, à une époque où la prédication du christianisme était en pleine activité : ils ne sauraient obtenir plus de succès.

Toute production contre nature ne peut avoir qu'une existence momentanée : telle a été celle de la république cher principalement, en ayant seulement le soin de balancer entre elles la protection royale, de manière à ce qu'aucune des deux ne pût se regarder ni comme exclue, ni comme préférée [1].

Ce plan était absolument vicieux, pour deux raisons principales : l'une, qu'il donnait pour appui à la royauté, des forces qui n'avaient aucune puissance réelle, qui tiraient du pouvoir royal toute leur existence factice, et qui, par conséquent, étaient pour lui de véritables charges, bien loin d'être des soutiens ; l'autre, qu'en faisant supporter aux communes les deux féodalités, il établissait nécessairement un système d'administration très-onéreux, dont les frais devaient s'accroître continuellement, et qui tendait à attirer au pouvoir royal la désaffection des communes.

Ainsi, ce plan de conduite ôtait du pouvoir et

romaine en France, sous nos démagogues; telle sera celle de la féodalité de Bonaparte, création également accidentelle de la révolution. Cette féodalité se serait déjà éteinte d'elle-même, si la royauté, au lieu de la ménager, s'était choisi des appuis plus solides dans une liaison franche et intime avec les communes.

1. Ce système de balancement, qui a été, comme de raison, très-critiqué par les deux parties intéressées, était certainement préférable, tant pour la royauté que pour les communes, à la combinaison absolue et exclusive avec l'une quelconque des deux noblesses. En adoptant le plan radica-

de l'argent aux véritables amis de la royauté, pour en donner à ses véritables ennemis.

Une erreur quelconque a toujours un motif, qui n'est le plus souvent, ni dans les mauvaises intentions, ni même dans l'incapacité, mais, pour l'ordinaire, dans le manque de connaissance des faits qui doivent servir de base au raisonnement, ou dans le mauvais choix de ces faits. Telle a été, j'ose le présumer, la cause qui a conduit les ministres de Votre Majesté à adopter un système aussi vicieux.

Quatre erreurs de fait me paraissent avoir été le principe de leurs erreurs théoriques.

En premier lieu, je ne doute pas que le ministère n'ait cru sincèrement que les deux noblesses étaient les classes prépondérantes de l'État, celles qui avaient le plus de force politique. Rien n'était plus naturel que cette persuasion, quelque mal fondée qu'elle fût. L'étude approfondie de la marche de la civilisation, depuis cinq à six siècles, eût été le seul moyen de se garantir de cette illusion politique : or, jusqu'ici très-peu d'hommes d'État et de publicistes ont senti la

lement vicieux d'appuyer le trône sur des intérêts autres que ceux des communes, ce système était le seul moyen de le soutenir pendant quelque temps.

nécessité de cette étude. Sans elle néanmoins, comment ne pas se méprendre sur le véritable état de la société ? Toutes les circonstances qui peuvent le masquer, sont aujourd'hui cumulées. Car, d'un côté, les deux noblesses et leurs clientèles forment deux partis organisés, très-actifs, et dans lesquels se trouvent enrégimentés, comme agents principaux de l'un et de l'autre, presque tous les légistes, c'est-à-dire presque tous ceux qui parlent et écrivent aujourd'hui sur les affaires politiques : comment n'en résulterait-il pas, pour ces partis, une apparence imposante de force ?

D'un autre côté, ni les industriels, ni même les savants, ne sont organisés sous le rapport politique ; ils n'ont aucune activité pour leurs intérêts généraux ; ils ne s'en occupent point, si ce n'est pour se plaindre quand ils se trouvent trop foulés, sans remonter jamais à la source du mal, afin d'en découvrir le remède : ils n'ont point de brillants et bruyants avocats ; leurs représentants dans les chambres y sont en très-petite minorité, et n'y forment, d'ailleurs, aucun parti distinct. Il est tout à fait impossible, avec ces deux causes générales d'erreurs, de ne pas se tromper sur la force réelle des deux féodalités comparée à celle des communes.

Quand on n'a point contracté l'habitude de fonder tous les raisonnements politiques sur la série de faits historiques qui constate la marche de la civilisation depuis l'affranchissement des communes, on tombe nécessairement dans l'erreur.

En second lieu, les ministres de Votre Majesté ont cru, sans doute, pouvoir compter comme un très-puissant appui l'influence du clergé. C'est encore une illusion dont il est très-facile d'assigner la cause.

Les idées morales ont été jusqu'à présent fondées sur les doctrines du clergé ; les savants n'ont point encore exécuté, ni même commencé la formation d'un système de morale positive, qui, sans rejeter le secours énergique et bienfaisant des hautes croyances religieuses, en soit néanmoins indépendant. Par un sentiment confus de cet état des choses, les esprits les plus forts du dernier siècle, tels que Montesquieu et Rousseau, ont blâmé avec vigueur la témérité aveugle et irréfléchie avec laquelle des philosophes superficiels ont attaqué et livré au ridicule les idées religieuses, bases de la morale.

Cette sage disposition est aujourd'hui devenue très-commune, d'abord parmi les savants, et ensuite chez les industriels, parce que l'expérience a fait sentir de plus en plus profondément le besoin d'idées morales, et, par conséquent, de bases pour les soutenir.

La génération actuelle a fait disparaître de nos livres et de notre société ce ton de frivolité et de plaisanterie sur les croyances religieuses, dont la génération précédente faisait parade; il est aujourd'hui presque universellement désapprouvé, et, même dans les salons de nos oisifs, il est réputé de mauvais goût. Il a été remplacé par un sentiment général de respect pour les idées religieuses, fondé sur la conviction de leur nécessité présente. On peut aisément prendre ce sentiment pour une croyance réelle, ou, au moins, pour une disposition qui permet de rétablir les croyances dans leur ancien empire, quand on n'observe pas avec l'attention la plus scrupuleuse, et quand on n'a point familiarisé son esprit avec la marche que l'esprit humain a suivie depuis l'introduction des sciences positives en Europe, par les Arabes.

Mais pour ceux auxquels cette marche est familière, il n'est pas douteux, malgré le fait que je viens d'analyser, que les doctrines du clergé ont perdu toute leur force; qu'elles ne peuvent plus être un appui réel pour le pouvoir royal, et que même elles ne continuent à servir de bases à la morale, que parce qu'elle n'a point encore été établie par les savants sur ses nouvelles bases.

Or, ce dernier état de choses doit être nécessairement très-passager ; et, quand il aura disparu, toute l'influence que le clergé possède encore se dissipera pour jamais.

En troisième lieu, le ministère de Votre Majesté a pensé, vraisemblablement, que l'ancienne noblesse était très-attachée à la royauté, et que la nouvelle le deviendrait bientôt par les bienfaits du Roi.

Sans doute il ne s'est point trompé, relativement à beaucoup d'hommes d'un caractère honorable qui se trouvent dans l'une et dans l'autre classe, et sur lesquels la vénération, d'une part, ou la reconnaissance de l'autre, ont assez d'empire pour dominer les intérêts personnels. Mais ce n'est point ainsi qu'on peut jüger les masses. L'expérience a suffisamment prouvé que l'ancienne noblesse, en général, se proposait pour but le rétablissement de ses priviléges et de ses richesses, et, s'il se peut même, du régime où le roi n'était que *primus inter pares* ;

qu'enfin elle ne regardait la protection royale que comme un moyen d'atteindre ce but, à l'accomplissement duquel était subordonné son attachement, et même son obéissance. Tout absurde qu'il est, ce projet n'en existe pas moins.

Quant à la noblesse de Bonaparte, elle regarde, en général, les bienfaits du roi comme des devoirs ; elle voit de très-mauvais œil la concurrence de l'ancienne noblesse ; elle considère les places comme sa propriété naturelle et légitime, et elle ne se regardera comme assurée de la possession de ses titres et de ses richesses, que lorsqu'elle aura placé sur le trône un roi de sa façon. C'est un fait dont tous les observateurs sensés et impartiaux sont aujourd'hui convaincus, quoique tous ne le proclament pas.

Enfin, le ministère craint peut-être que les communes soient peu attachées à la royauté en général, et à la maisen de Bourbon en particulier. Cette crainte est entièrement chimérique. Les industriels et les savants sentent profondément le besoin de la royauté, et de la royauté entre les mains des Bourbons, pour le maintien de la paix et de l'ordre, dont ils sont, par leur position sociale, les amis les plus intéressés. Ils aiment la maison de Bourbon ; ils se rappellent tous les services qu'elle a rendus à la cause des communes depuis l'affranchissement, et ils espèrent avec confiance qu'elle n'abandonnera point cette cause. Ils ont en horreur le despotisme de Bonaparte et de ses adhérents, dont ils ont porté tout le fardeau ; ils sentent que l'arbitraire se rajeunit, et acquiert de la force, au lieu d'en perdre, quand le pouvoir passe dans de nouvelles mains ; en un mot, ils sont les soutiens naturels du trône de Votre Majesté.

Il résulte, Sire, de l'examen précédent, que le plan politique suivi par le ministère de Votre Majesté, depuis la restauration, non-seulement est vicieux en lui-même, mais qu'aucun des motifs qui peuvent avoir conduit à l'adopter, n'est réellement fondé. Le ministère doit donc abandonner ce plan, et alors il ne reste à choisir qu'entre ces deux moyens :

Se liguer étroitement avec l'une des deux noblesses, en sacrifiant l'autre ;

Ou bien, s'unir franchement avec les communes, en abandonnant les deux noblesses.

Je crois avoir démontré, Sire, qu'aucune des deux noblesses ne peut être un appui réel pour le trône de Votre Majesté. Il est également incontestable à mes yeux, que le vœu des communes de voir terminer la révolution par l'établissement d'un nouveau système politique, fondé sur l'industrie, comme nouvel élément temporel et sur les sciences d'observation comme nouvel élément spirituel; que ce vœu, dis-je, finira nécessairement par prévaloir contre tous les obstacles et contre les efforts de tous les partis, puisqu'il est le résultat final de tous les progrès que la civilisation a faits depuis six cents ans, et même, on peut le dire, depuis son origine.

Ainsi, pour choisir un plan de conduite durable, il ne saurait y avoir à balancer un seul instant entre les deux que je viens d'indiquer. Le premier ne pourrait prétendre tout au plus qu'à un succès momentané, d'une très-courte durée; tandis qu'il est facile de faire voir qu'une ligue franche avec les communes, mise en activité le plus promptement possible, est tout à la fois le moyen le plus simple, le plus sûr et le plus immédiat, d'asseoir sur des bases solides le trône de Votre Majesté.

Il suffit, pour cela, de comparer ce qui doit vraisemblablement arriver dans les deux suppositions que j'ai mises en regard.

Si les ministres s'appuyaient exclusivement

sur l'une des deux noblesses, et par conséquent sacrifiaient les communes à son avidité, il arriverait, selon toutes les probabilités :

Si c'était sur l'ancienne noblesse, que la nouvelle, déçue de ses prétentions, s'efforcerait ouvertement et de tout son pouvoir, de renverser le trône de Votre Majesté ; et peut-être y parviendrait-elle, parce que les communes, qui seules pourraient l'empêcher, s'y opposeraient faiblement dans cette hypothèse.

Si, au contraire, le ministère prenait pour appui exclusif la nouvelle noblesse, il est vraisemblable qu'elle en profiterait pour agir plus sûrement contre votre auguste dynastie.

Le système de balancement, dont je crois néanmoins avoir montré le vice radical, serait sans doute préférable à l'un ou à l'autre de ces deux partis.

Mais si Votre Majesté, abandonnant les deux noblesses à leur inévitable destinée, se liguait avec ses fidèles communes, la stabilité de son trône serait assurée pour jamais, puisque la résistance purement passive des communes préviendrait jusqu'aux moindres tentatives des deux féodalités impuissantes.

A la vérité, Votre Majesté devrait s'attendre à

voir diminuer sa liste civile, ainsi que le pouvoir de son ministère et de ses agents, par la suppression d'un grand nombre de dépenses et de fonctions inutiles aux communes, et onéreuses pour elles. En un mot, la royauté perdrait ce qui reste encore du caractère féodal, pour prendre le caractère communal. Mais la certitude d'en jouir avec une parfaite tranquillité, d'en transmettre à son auguste dynastie une possession désormais à l'abri de toute contestation de la part des ambitieux ; la gloire de devenir, en provoquant la formation du nouveau système politique, le législateur et le bienfaiteur éternel de la France et de toutes les nations civilisées ; tous ces motifs, dis-je, compenseraient sans doute plus que suffisamment, aux yeux de Votre Majesté, une diminution d'autorité qui ne peut blesser qu'autant qu'elle est relative, ou qu'elle est arrachée par la violence.

D'ailleurs, il ne s'agit point, au fond, de suivre une route entièrement nouvelle ; il s'agit seulement de revenir à la marche adoptée par les plus illustres ancêtres de Votre Majesté, qui se sont toujours ligués avec les communes, et de suivre en particulier, la ligne tracée par son auguste frère, quand il a appelé les communes à une double représentation dans les états généraux.

SIRE,

Supprimer les deux noblesses, composer le corps électoral d'industriels, et diriger par des prix les travaux des savants sur les questions politiques fondamentales; tels seraient, sans doute, les moyens décisifs de commencer une ligue indissoluble avec les communes.

Le plus grand obstacle que Votre Majesté aurait à vaincre, dans ce système de conduite, le seul même, serait l'apathie politique des industriels, la défiance excessive qu'ils ont de leurs lumières et de leur capacité en politique, leur confiance démesurée dans les légistes et les métaphysiciens. Mais la sage persévérance de Votre Majesté, et l'action des savants stimulée par elle, auraient bientôt surmonté cette difficulté; et, en donnant aux industriels un juste sentiment de leur dignité et de leur valeur politique, leur auraient bientôt imprimé cette impulsion d'activité, seule condition qui leur manque pour s'élever au rôle que la marche de la civilisation leur assigne impérieusement aujourd'hui.

Telles sont, Sire, exprimées avec franchise et loyauté, les réflexions que le désir de voir consolider la royauté dans votre auguste dynastie, a inspirées

A votre très-fidèle sujet.

AU ROI

ET A MESSIEURS LES AGRICULTEURS, NÉGOCIANTS, MANUFACTURIERS ET AUTRES INDUSTRIELS QUI SONT MEMBRES DE LA CHAMBRE DES DÉPUTÉS.

SUR LES MESURES A PRENDRE POUR TERMINER LA RÉVOLUTION.

Sire et Messieurs,

Il n'existe qu'un seul moyen de terminer la révolution : ce moyen consiste à établir l'administration des affaires publiques la plus favorable à la culture, au commerce et à la fabrication.

Or, le moyen le plus certain pour rendre l'administration des affaires publiques la plus favorable possible à la culture, au commerce et à la fabrication, consiste évidemment à placer la direction des affaires générales dans les mains des cultivateurs, des négociants et des manufacturiers les plus capables.

Les mesures qui investiront les industriels des plus grands pouvoirs politiques, seront donc les plus propres à terminer la révolution. . . . .

Les mesures que je vais soumettre à Votre Majesté, ainsi qu'à vous, Messieurs, me paraissent les plus certaines pour investir les industriels de la direction générale de l'administration publique : je les crois, pour cette raison, les meilleures à employer pour terminer la révolution.

Mesures à prendre pour terminer la révolution.

Il sera arrêté par les autorités compétentes ce qui suit :

Article Ier. Le ministère des finances ne pourra être occupé que par un citoyen qui aura été industriel de profession pendant dix années consécutives.

Art. II. Il sera établi un conseil d'industriels (qui portera le titre de chambre de l'industrie) : ce conseil sera attaché au ministère des finances, et il sera composé de vingt-cinq personnes.

Le ministre des finances sera membre de cette chambre, et il en sera président.

Cette chambre sera composée d'abord des quatre cultivateurs dont les cultures sont les plus importantes ; des deux négociants faisant le plus d'affaires ; des deux fabricants employant le plus d'ouvriers; et des quatre banquiers jouissant du plus grand crédit.

Cette première moitié de la chambre procédera à la nomination de douze autres membres, pris parmi les industriels, dans la proportion suivante, savoir : six cultivateurs, deux négociants, deux manufacturiers et deux banquiers.

Art. III. La chambre de l'industrie s'assemblera une fois par an, d'après l'invitation du ministre des finances.

Le ministre des finances soumettra à cette chambre le projet de budget qu'il aura conçu.

Cette chambre discutera le budget qui sera soumis, par le ministre, à son examen, et elle arrêtera ce projet, après y avoir fait des changements, si elle le juge convenable.

Tous les ministres auront le droit d'assister aux séances de cette chambre, et ils pourront prendre part aux discussions; mais ils n'auront pas voix délibérative.

Art. IV. Le premier article du budget des dépenses aura pour objet d'assurer l'existence des prolétaires, en procurant du travail aux valides, et des secours aux invalides.

Art. V. Le ministère de l'intérieur ne pourra être occupé que par un citoyen qui ait été industriel de profession pendant six années consécutives.

Art. VI. Il sera établi un conseil attaché au ministère de l'intérieur; le ministre sera membre et président de ce conseil.

Ce conseil sera composé de vingt-cinq membres; savoir : 1° de sept agriculteurs, trois négociants et trois fabricants; 2° de deux physiciens, trois chimistes et trois physiologistes, tous membres de l'Académie des sciences, et de trois ingénieurs des ponts et chaussées.

Les membres de ce conseil, le ministre seul excepté, seront nommés par la chambre de l'industrie.

Art. VII. Le conseil attaché au ministère de l'intérieur se réunira deux fois par an, d'après l'invitation du ministre.

Ce conseil s'assemblera une première fois pour discuter et arrêter le projet du budget du ministère de l'intérieur.

Il s'assemblera une seconde fois pour arrêter l'emploi des sommes qui auront été accordées au ministère de l'intérieur par le budget général.

Art. VIII. Le ministère de la marine ne pourra être occupé qne par un citoyen qui ait été domicilié dans un port de mer pendant vingt ans, et à la tête d'une maison de commerce faisant des armements au moins depuis dix années.

Art. IX. Il sera établi un conseil maritime.

Ce conseil sera composé de treize membres, savoir . un député de Dunkerque, deux du Havre, un de Saint-Malo, deux de Nantes, un de La Rochelle, deux de Bordeaux, un de Bayonne, deux de Marseille [1], et le ministre, qui sera président de ce conseil.

Les armateurs de chacune des places désignées ci-dessus, nommeront les députés chargés de soutenir leurs intérêts.

Le conseil maritime s'assemblera deux fois par an, d'après l'invitation du ministre de la marine.

A sa première réunion, il arrêtera le projet du budget de la marine ; à la seconde, il arrêtera l'emploi des sommes qui auront été accordées au département de la marine par le budget général.

Sire et Messieurs,

Je supplie Votre Majesté, je vous prie, Mes-

1. Cette désignation des ports qui auraient le droit de nommer des membres du conseil maritime, ne doit être considérée que comme une indication.

sieurs, d'examiner les mesures que je propose, d'abord sous ce seul rapport :

Est-il vrai, est-il clair, est-il évident, qu'un ordre de choses politiques stable commencerait à s'établir, si ces mesures étaient adoptées?

Je suppose Votre Majesté, je vous suppose, Messieurs, entièrement convaincus à cet égard, et je passe à la discussion de cette seconde question.

Quel est le caractère de ces mesures? par qui peuvent-elles être prises?

Sire et Messieurs,

Ces mesures peuvent être considérées comme des dispositions constitutionnelles; et, sous ce rapport, elles ne pourraient être prises que par une autorité investie de pouvoirs *ad hoc*.

Mais ces mesures peuvent aussi être envisagées comme étant l'objet de lois réglementaires; alors le concours des trois pouvoirs dirigeants suffirait pour les mettre en vigueur.

Enfin, ces mesures peuvent être classées parmi les arrêtés administratifs ; et, dans ce cas, une ordonnance suffit pour les mettre en action.

En disant que ces mesures peuvent être considérées comme des dispositions constitutionnelles, je me fonde sur ce fait incontestable :

La Charte n'a stipulé aucune mesure aussi importante que celle que je propose : ainsi ces mesures sont constitutionnelles; ainsi, ces mesures sont encore plus constitutionnelles que la Charte.

Ces mesures peuvent encore être envisagées comme l'objet de lois réglementaires, car elles ne sont en opposition avec aucun des articles de la Charte.

Enfin, une ordonnance suffit pour mettre ces mesures en vigueur ; car le pouvoir administratif appartient exclusivement à la royauté, et ces mesures ne sont, dans la réalité, que des dispositions réglementaires qui fixent le mode d'administration.

Je passe à l'examen d'une troisième et dernière question.

Par qui ces mesures doivent-elles être prises ?

Et je demande d'abord, *si c'est par une assemblée choisie expressément pour cet objet que les mesures doivent être adoptées ?*

Je ne le pense pas, par beaucoup de raisons, dont il est inutile que je parle, attendu que ce mode d'admission exigerait beaucoup de temps, et qu'il aurait, par conséquent, de grands inconvénients, puisqu'il prolongerait les dangers de la maison de Bourbon et les souffrances des industriels.

Sera-ce par un acte du parlement que ces mesures seront mises en vigueur?

Ce mode d'admission est tout à fait impraticable dans l'état actuel des choses, car la majorité des chambres est composée d'hommes qui ne sont pas industriels, qui sont très-inférieurs aux industriels en capacité administrative, et qui, cependant, conservent la persuasion que ce sont eux qui doivent administrer les affaires publiques, de manière que le projet de loi, à cet égard, que le Roi présenterait aux chambres, serait nécessairement rejeté.

C'est une ordonnance qui doit réaliser ce projet.

La seule volonté du roi suffit pour rendre cette ordonnance ; le roi peut rendre cette ordonnance immédiatement ; et, d'un autre côté, si le roi, mal conseillé par ses alentours, hésitait à prendre ce parti, les industriels pourraient, par des démarches légales, faciliter à Sa Majesté les moyens de secouer le joug qui lui a été imposé par le clergé, par les deux noblesses, par l'ordre judiciaire et par ses courtisans.

Le point important est que la royauté et l'industrie se trouvent en contact immédiat, et on peut regarder comme à peu près indifférent que les premiers pas, pour opérer ce rapprochement, soient faits par l'une ou par l'autre de ces deux puissances.

Sire,

Depuis votre rentrée en France, Votre Majesté n'a pas eu un seul moment de tranquillité, ni de satisfaction politique. Elle a toujours eu à combattre une faction puissante qui se propose pour but de placer sur le trône un roi de sa façon, afin de s'assurer la jouissance de toutes les places qui sont à la nomination de la couronne, et Votre Majesté n'a pas trouvé dans la nation un appui suffisant pour en imposer à ces factieux.

Voilà, Sire, une première vérité malheureusement incontestable. En voici une seconde qu'il ne faut pas se dissimuler :

C'est que la véritable cause de vos chagrins a été le mauvais usage que les ministres de Votre Majesté ont fait du pouvoir royal.

Les courtisans cherchent à vous persuader que l'opinion politique du gouvernement est la bonne, et que, si les choses ne vont pas bien, les fautes et les erreurs commises par la nation en sont la véritable cause.

Cette manière d'envisager les choses est fausse, et elle est funeste pour Votre Majesté.

La nation a accepté la Charte que vous avez faite ; elle a consenti que vous exerçassiez le pouvoir de législateur suprême : il est par conséquent certain que Votre Majesté a eu et qu'elle a tous les moyens d'établir un ordre de choses stable, et que si un bon ordre de choses n'existe pas, c'est parce que la combinaison qui a été faite par le ministère est vicieuse.

Il me paraît utile d'établir cette vérité, et de rappeler Votre Majesté au noble sentiment d'après lequel les difficultés sont vues comme étant en dedans et point en dehors ; mais mon intention n'est pas de faire de cette vérité une arme offensive pour critiquer les ministres de Votre Majesté.

Sire, il est incontestable que c'est par la raison que les ministres de Votre Majesté n'ont pas usé convenablement du pouvoir royal, que la tranquillité n'est pas encore rétablie sur des bases solides.

Mais il n'est pas moins certain que, pour rétablir la tranquillité à une époque où elle a été troublée par un effet direct du progrès des lumières et de la marche de la civilisation qui avait nécessité une réforme de l'organisation sociale, il était nécessaire de se faire une idée claire de l'ordre de choses à constituer;

Et il est également sûr que la conception du nouvel ordre de choses à établir pour organiser convenablement la société, c'est-à-dire pour l'organiser d'une manière proportionnée à l'état de ses lumières acquises, ne pouvait pas se former dans la tête des ministres, par la raison simple qu'un homme ne peut pas s'occuper fructueusement de deux choses importantes dans le même moment, et que le travail nécessaire pour la conduite des affaires journalières occupant et devant occuper tous les membres du gouvernement, ils n'ont point la possibilité de s'élever aux vues générales qui doivent fixer l'attention du législateur constituant.

Sire, il résulte, de ce que je viens de dire, une réflexion très-importante et très-utile, c'est que les reproches qui sont faits à votre ministère ne sont pas fondés en raison, au moins sous le rapport principal. Il en résulte aussi que votre ministère a les moyens de fermer la bouche aux écrivains qui s'acharnent à critiquer sa marche, en leur disant :

Nos occupations ayant pour objet principal et spécial de pourvoir aux besoins politiques journaliers de la société, nous ne pouvons pas nous placer au point de vue le plus général pour envisager les choses ; mais vous, Messieurs, dont l'esprit jouit d'une entière liberté, méditez sur la marche de la civilisation, et quand vous aurez conçu clairement le système d'organisation qui convient à la société dans l'état présent de ses lumières, quand vous aurez acquis sur ce sujet des idées positives, vous verrez que nous nous empresserons d'utiliser vos découvertes.

Il y avait donc une condition préliminaire qui devait être remplie avant que le gouvernement pût se diriger vers un but fixe, avant qu'il pût adopter une allure franche, une marche ferme ; et cette condition, comme je viens de le dire, ne pouvait pas être remplie par les ministres.

Il fallait que le moyen de terminer la révolution fût clairement connu, qu'il fût conçu d'une manière assez nette pour pouvoir être mis à la portée des esprits les plus ordinaires.

Ce moyen n'avait pas été découvert; c'est ce qui fait que la révolutiou a duré jusqu'à présent :

maintenant qu'il est trouvé, le gouvernement peut marcher directement et d'un pas assuré vers l'établissement d'un ordre de choses politiques stable.

Sire, ce qui a causé la révolution, c'est que la nation a reconnu que l'impôt qu'on lui faisait payer était trop considérable, et qu'il était mal employé; ou, en d'autres termes, c'est parce qu'elle a acquis la conviction que ses affaires générales étaient mal administrées.

Ce qui fait que la révolution a duré jusqu'à présent, c'est que la nation n'a point été satisfaite des différents modes d'administration qui ont été essayés depuis qu'elle a renversé son ancien gouvernement.

Le moyen de terminer la révolution consiste à placer l'administration des affaires publiques dans les mains des cultivateurs, des négociants et des manufacturiers, parce que les industriels sont les administrateurs les plus capables, et surtout les plus économes.

Il est facile de placer l'administration dans les mains des cultivateurs, des négociants et des manufacturiers ; j'en ai indiqué les moyens ; ainsi la route que doivent suivre les ministres de Votre Majesté est toute tracée, et il dépend entièrement de leur volonté de faire cesser immédiatement les dangers auxquels votre auguste maison se trouve exposée, ainsi que les maux qui affligent la nation.

Sire, toute la politique positive est renfermée dans la loi des finances : c'est parce que la loi des finances a fait jusqu'à ce jour une part annuelle de deux ou trois cents millions aux intrigants, qu'il existe des factions. Que la loi des finances soit bien faite, c'est-à-dire qu'elle soit conçue dans l'intérêt des industriels, au lieu de l'être dans l'intérêt des ambitieux, et les dangers qui menacent le trône cesseront à l'instant, parce que les factions seront dissipées. Or, les seuls hommes capables de former la loi des finances dans un tel esprit sont les industriels importants et instruits qui se trouvent dans la Chambre des députés, les Delessert, les Lafitte, les Ternaux, les Périer, les Bastarrèche, les Beauséjour, etc., ils auront bientôt indiqué à Votre Majesté les véritables moyens de rétablir le calme.

Ce rapprochement entre Votre Majesté et les industriels est d'autant plus facile aujourd'hui, qu'il a déjà fait un grand pas dans cette direction, par la loi qui a appelé les patentés à l'électorat. C'est un service que la France doit à M. Decazes, et qu'elle n'oubliera jamais.

C'est le désir pur et sincère du bonheur de mes compatriotes, c'est aussi le désir de voir Votre Majesté acquérir toute la gloire que le siècle comporte, qui m'ont porté à ce langage d'une extrême franchise.

MESSIEURS,

Je suppose que chacune des idées que je vais vous rappeler est admise par vous comme une vérité incontestable ; c'est-à-dire, je vous suppose entièrement convaincus :

1° Que le seul moyen de terminer la révolution consiste à établir l'administration des affaires publiques la plus favorable à la culture, au commerce et à la fabrication ;

2° Que le moyen le plus certain pour rendre l'administration des affaires publiques la plus favorable possible à la culture, au commerce et à la fabrication, consiste à placer la direction de cette administration dans les mains des cultivateurs, des négociants et des manufacturiers ;

3° Qu'au moyen des mesures que je propose, les cultivateurs, les négociants et les manufacturiers exerceraient sur l'administration des affaires publiques une influence suffisante pour assurer la prospérité de la culture, du commerce et de la fabrication ;

4° Que le Roi peut, avec de simples ordonnances, mettre à exécution le plan politique que je propose, et que les ordonnances par lesquelles il mettrait ces mesures en activité seraient accueillies avec enthousiasme par tous les Français occupés de travaux d'une utilité positive ;

5° Que le nombre des Français occupés de travaux de culture, de commerce ou de fabrication, étant de plus de vingt-cinq millions d'individus, il est évident que si cette classe de citoyens demandait au Roi, dans une forme légale, d'adopter les mesures que je propose, cette demande serait favorablement accueillie par Sa Majesté : d'abord, parce que cette demande serait juste ; ensuite, parce qu'elle serait conforme aux véritables intérêts de la maison de Bourbon ; et, enfin, parce qu'elle serait l'expression claire du vœu de la très-grande majorité de la nation.

Messieurs, si, comme je le suppose, vous êtes entièrement convaincus de la justesse des cinq idées que je viens de remettre sous vos yeux, il ne me reste qu'une chose à vous dire.

Ce qui me reste à vous dire, Messieurs, c'est que c'est vous qui êtes appelés à déterminer la manifestation du vœu politique des industriels, puisque vos concitoyens vous ont investis de toute leur confiance, relativement à leurs affaires générales, en vous nommant membres de la Chambre des députés.

Envoyez une circulaire à tous les Français entrepreneurs de travaux industriels; invitez-les, par cette lettre, à signer une pétition adressée au Roi, et à demander à Sa Majesté, par cette pétition, d'adopter les mesures que je vous propose; invitez-les, en même temps, à lui déclarer formellement qu'il peut compter sur l'entier dévouement de ceux de ses sujets qui sont industriels, aux intérêts politiques de la maison de Bourbon.

Engagez, par cette circulaire, les chefs de travaux industriels à faire signer cette pétition par toutes les personnes qu'ils emploient.

Quand vous aurez reçu cette pétition (qui sera indubitablement signée par la presque totalité des Français occupés par profession de travaux relatifs à la culture, au commerce et à la fabrication), suppliez le Roi de vous accorder une audience.

Quand vous présenterez cette pétition à Sa Majesté, soyez pénétrés du sentiment de confiance qui doit vous accompagner dans cette honorable démarche ; rappelez-vous, en parlant au Roi, que LA VOIX DU PEUPLE EST LA VOIX DE DIEU.

Et ce faisant, Messieurs, vous ferez cesser subitement les dangers qui menacent la maison de Bourbon, et les maux qui accablent la nation française.

Messieurs, vous êtes dans la chambre environ quarante cultivateurs, négociants ou manufacturiers de profession. Il est certainement désirable que la circulaire que je vous invite à envoyer à tous les Français entrepreneurs de travaux industriels, soit signée par vous tous ; mais il ne faut pas vous persuader que le succès de cette opération nécessite cet accord parfait; elle réussirait, quand bien même il se trouverait parmi vous des dissidents ; elle réussirait, quand elle ne serait appuyée que par la moitié de vous.

Ainsi, Messieurs, en dernière analyse, la tranquillité présente et future de la maison de Bourbon, celle de la nation française, et même de tous les peuples éclairés, dépend de quelques industriels.

Le pouvoir des industriels sur la société est devenu entièrement prépondérant : leur volonté dans cette importante occasion sera-t-elle proportionnée à leur pouvoir?

SIRE et MESSIEURS,

Les circonstances politiques deviennent pressantes; tous les peuples manifestent la volonté d'obtenir une prompte amélioration de leur existence politique; une grande révolution vient de s'opérer en Espagne, et les Napolitains n'ont pas tardé à suivre l'exemple des Espagnols.

L'amour-propre national ne permettra pas aux Français de rester longtemps dans la situation politique où ils se trouvent. Hâtez-vous de concevoir pour eux un plan de conduite sage; car si vous ne leur indiquez pas la bonne route, ils en prendront inévitablement une mauvaise. Leur parti est pris, ils veulent marcher, et c'est en avant qu'ils veulent se porter.

SIRE et MESSIEURS,

Pour éviter les malheurs qui arriveraient indubitablement si le grand mouvement moral, devenu inévitable, se trouvait dirigé par des jacobins, ou par des bonapartistes;

Pour éviter l'inconvénient de faire la besogne

en deux fois, ce qui deviendrait nécessaire dans le cas où le mouvement d'opinion serait dirigé par des militaires ou par des légistes,

Il faut présenter à la nation des vues nettes sur les moyens d'assurer la prospérité de la culture, du commerce et de la fabrication ;

Il faut prendre des mesures pour assurer du travail à la classe nombreuse pour laquelle le travail des mains est le seul moyen d'existence.

SIRE et MESSIEURS,

Il en est temps encore, vous pouvez garantir votre patrie des maux dont elle est menacée ; mais il n'y a pas un moment à perdre : l'union franche de la puissance royale et de la puissance industrielle peuvent dissiper, comme par enchantement, l'orage épouvantable qui s'amoncelle sur nos têtes ; mais, pour opérer cette espèce de miracle, cette alliance doit se former sans le moindre retard.

Il n'est point indispensable, pour commencer à mettre cette alliance en activité, d'adopter sur-le-champ toutes les mesures que j'ai proposées ; il suffit de mettre à exécution les suivantes :

Que le projet du budget pour l'année 1821

soit conçu par un ministre des finances pris dans la classe des industriels de profession;

Que ce projet soit discuté et amendé par un conseil composé des cultivateurs, des négociants et des fabricants les plus riches et les plus capables;

Que le premier article de ce budget, pour la partie des dépenses, ait pour objet d'assurer la subsistance des non-propriétaires, en procurant du travail aux valides, et des secours aux invalides;

Et la maison de Bourbon, ainsi que la nation française, n'auront plus rien à redouter,

Ni des doctrines des jacobins,

Ni des complots des bonapartistes,

Ni des intrigues des noblesses et du clergé, tant nationaux qu'étrangers.

FIN DE LA PREMIÈRE CORRESPONDANCE.

DEUXIÈME

CORRESPONDANCE

AVEC

MESSIEURS LES INDUSTRIELS

AVERTISSEMENT

Cette seconde Correspondance a pour objet d'appuyer par de nouvelles preuves et par des considérations plus approfondies, l'opinion que j'ai émise dans la première sur les mesures à prendre pour terminer la révolution. Elle est adressée partie au Roi et partie aux industriels. Elle tend directement à rétablir entre la puissance royale et la puissance industrielle l'alliance qui a subsisté entre elles depuis Louis-le-Gros jusqu'à Louis-le-Grand.

PREMIÈRE LETTRE

A MESSIEURS

LES CULTIVATEURS, FABRICANTS, NÉGOCIANTS, BANQUIERS ET AUTRES INDUSTRIELS.

MESSIEURS,

Depuis la publication de ma brochure *sur les mesures à prendre pour terminer la révolution*, je me suis présenté chez plusieurs industriels des plus importants et des plus généralement estimés, et j'ai pris la liberté de les consulter sur mon entreprise.

Tous, sans aucune exception, ont approuvé mes principes; tous ont eu la bonté d'applaudir aux efforts que je fais pour déterminer le Roi ainsi que la nation à les adopter; tous, enfin, m'ont rendu le service de me faire des objections.

La lecture de ces objections et des réponses que j'y ai faites vous fournira, Messieurs, de nouvelles preuves du droit incontestable que vous avez de jouir du premier degré de considération sociale, et d'exercer une influence prépondérante sur l'administration des affaires publiques.

PREMIÈRE OBJECTION.

L'Observateur. Votre système est trop absolu, trop exclusif; certainement le commerce, la fabrication ainsi que la culture devraient être plus considérés, et classés d'une manière plus distinguée qu'ils ne l'ont été jusqu'à ce jour; mais ceux qui se livrent aux occupations de ce genre, ne doivent pas prétendre à absorber toute la considération publique. Les cultivateurs, les négociants, les fabricants, doivent certainement exercer une grande influence sur l'administration générale; mais ils ne sont pas les seuls qui possèdent des connaissances utiles à la société; il serait injuste, et par conséquent nuisible aux intérêts nationaux que le pouvoir et les places ne fussent confiés qu'à des industriels : que deviendrait une nation qui n'aurait que des cultivateurs, des négociants et des fabricants, une nation chez laquelle les travaux relatifs au perfectionnement de la morale publique et privée, de la législation, des sciences physiques et mathématiques, ainsi que des beaux-arts, ne seraient ni considérés ni suivis avec activité?

Réponse. Je n'ai point dit, je n'ai pas pensé que les industriels dussent posséder la totalité de la considération sociale, et exercer tous les emplois publics. Une personne qui donnerait une pareille conception pour base au système politique, me paraîtrait un ignorant et un fou. Mon idée est très-différente de celle que vous m'attribuez fort injustement, car je ne l'ai émise dans aucune partie de l'opinion exposée dans ma brochure. Au surplus, votre objection ne m'étonne point. Je sais que toute idée neuve choque les habitudes contractées ; je sais que ces habitudes s'opposent de tout leur pouvoir à son admission ; je sais, enfin, que tout novateur doit se condamner à répéter souvent ce qu'il a dit, et à présenter son idée sous bien des faces différentes. Je vais vous exposer de nouveau la conception que j'ai publiée dans ma brochure, en affirmant qu'elle devait servir de base au nouveau système politique.

Dans l'état présent des lumières, et par l'effet le plus général et le plus immédiat de ces mêmes lumières, la nation désire prospérer par des travaux de culture, de fabrication et de commerce. Or, il est évident que le moyen le plus certain pour faire prospérer la culture, le commerce et la fabrication, consiste à confier aux cultivateurs, aux négociants et aux fabricants le soin de diriger l'administration des affaires publiques, c'est-à-dire le soin de faire le budget, car ils sont certainement ceux qui connaissent le mieux ce qui est utile, ainsi que ce qui est nuisible à leurs travaux.

Voilà ce que je pense, voilà ce que j'ai dit, voilà ce que je répète, voilà ce que je prouverai au Roi et à la nation; voilà, en un mot, le principe que j'ai l'intention de leur faire adopter, et que je suis certain de faire admettre par eux, à une époque peu éloignée, sans employer d'autre moyen que celui de la démonstration.

Et il ne résulte point de ce principe, auquel je pourrais donner le nom d'axiome, que les cultivateurs, les négociants et les fabricants doivent absorber toute la considération publique, et occuper tous les emplois du gouvernement.

Prenez la peine de réfléchir à la conduite que tiendra nécessairement (c'est-à-dire en agissant conformément à ses intérêts) la commission composée d'industriels, qui sera chargée de faire le budget, et vous acquerrez, par votre propre travail, la conviction que cette commission s'empressera d'assurer les fonds nécessaires pour activer tous les travaux utiles à la culture, à la fabrication ainsi qu'au commerce, et qu'elle fera cesser le plus promptement possible toutes les dépenses qui seront inutiles ou nuisibles aux principales branches de l'industrie.

Or, il est évident que tous les travaux utiles à la culture, à la fabrication et au commerce, sont utiles à la société, tandis que tous les travaux inutiles ou nuisibles à l'industrie, sont inutiles à la société générale, ou lui sont nuisibles.

Tous les citoyens livrés à des occupations utiles à la société, doivent désirer que les industriels soient chargés de faire le budget ; car ils sont les plus intéressés de tous au perfectionnement de la morale publique et privée, ainsi qu'à l'établissement des lois nécessaires pour empêcher les désordres, et ils sentent mieux que personne l'utilité des sciences positives et les services que les beaux-arts rendent à la société ; car ils sont les plus capables, les seuls capables de répartir entre les membres de la société la considération et les récompenses nationales, de la manière convenable, pour que justice soit rendue à chacun suivant son mérite.

Ce serait une inquiétude mal fondée de craindre que les industriels profitassent de ce qu'ils seraient chargés de faire le budget pour s'emparer des places du gouvernement. Cette crainte serait mal fondée, 1° parce que ces emplois deviendront subalternes à leur égard, quand ce seront eux qui seront chargés de la direction générale de l'administration publique ; 2° parce qu'après les réformes faites, les grandes entreprises d'industrie seront infiniment plus lucratives que les premières places du gouvernement ; 3° parce que les industriels se sentiront moins propres à exercer les emplois du gouvernement que ceux qui ont contracté l'habitude de ce genre de travail.

Enfin, mon idée est bien simple, je dis :

Tant que la nation a voulu prospérer par la guerre et en faisant des conquêtes, les militaires ont dû former la première classe de la société ; ce sont eux qui ont dû diriger les affaires publiques, et c'est, en effet, de cette manière que les choses se sont passées à cette époque. Aujourd'hui que la nation veut prospérer par des travaux pacifiques, ce sont les industriels qui doivent former la première classe de la société ; ce sont eux qui doivent diriger les affaires publiques ; ce sont eux, en un mot, qui doivent faire le budget.

Le système militaire n'était pas exclusif, puisque les militaires encourageaient tous les travaux qui leur étaient utiles ; le système industriel ne sera pas plus exclusif que celui de la féodalité ; il le sera même beaucoup moins, car tous les travaux qui tendront à améliorer le sort de l'espèce humaine seront directement utiles aux spéculations des industriels.

L'Observateur. Ainsi, l'idée que vous voulez donner pour base au système politique est que le projet de budget doit être connu et présenté au Roi par une commission composée d'industriels de profession.

Eh bien ! j'attaque l'idée mère de votre système ; je vous déclare que les industriels ne me paraissent point en état de bien combiner le projet des recettes et des dépenses générales : je vous déclare qu'ils me paraissent de tous les citoyens les moins capables de faire ce travail.

Chaque industriel concentre son attention dans la branche d'industrie à laquelle il s'est adonné ; presque aucun d'eux n'est susceptible de s'élever à des considérations générales ; chacun d'eux désirerait que toute la force publique, que tous les moyens de la nation fussent employés à faire prospérer ses affaires particulières.

Vous avez dit, dans votre brochure, que la commission que le Roi chargerait de lui présenter un projet de budget devrait être composée de cultivateurs, de négociants et de fabricants.

Si ce projet se réalisait, vous verriez que les cultivateurs voudraient faire porter l'impôt en totalité sur les objets manufacturés et sur les denrées étrangères; vous verriez que, sans s'inquiéter des inconvénients qui pourraient en résulter pour la nation, ils voudraient établir la libre exportation de tous les produits territoriaux.

Les fabricants voudraient prohiber tous objets manufacturés chez l'étranger; ils voudraient empêcher la sortie de toutes les matières premières, tandis que les négociants opineraient pour l'entière liberté de la circulation des produits nationaux et étrangers, sans se mettre en peine ni du renchérissement des grains, ni de la chute de nos manufactures.

Il est incontestable que ce sont les industriels qui forment la classe la plus utile et la plus nombreuse; que ce sont eux qui fournissent, par leurs travaux, à tous les besoins de la société; que ce sont eux qui produisent toutes les richesses nationales.

Il est également certain que c'est dans l'intérêt de l'industrie que le budget doit être conçu. Mais il ne résulte pas de ces deux faits, qui ne peuvent pas vous être contestés, que le budget doit être conçu et combiné par les industriels. Vous avez commis une grande faute en en tirant cette conclusion, dont je viens de vous prouver le peu de solidité.

Réponse. La vérité ne dépend aucunement de notre volonté, ni de nos habitudes, ni de nos croyances. Une opinion peut être très-fausse quoiqu'elle ait de nombreux partisans ; c'est précisément le cas qui se présente dans ce moment. L'opinion que vous venez d'émettre est très-répandue, fort accréditée, et cependant elle est complétement fausse.

Oui, Monsieur, c'est une erreur de croire que les chefs des travaux industriels ne possèdent que des connaissances particulières, que les connaissances relatives à la branche d'industrie qu'ils exploitent. Il y a une capacité qui leur est commune à tous, c'est la capacité administrative; c'est la capacité nécessaire pour faire un bon budget; et, cette capacité, ils sont les seuls qui la possèdent; ils en ont été les créateurs ; elle n'a commencé à exister qu'à l'époque de l'affranchissement des communes; elle s'est toujours perfectionnée depuis cette époque. Cette branche de nos connaissances est devenue aujourd'hui une science positive; c'est-à-dire, cette capacité s'est divisée en deux capacités, la capacité théorique et la capacité pratique; elle est devenue une science positive, car les faits qui lui servent de base sont des faits observés, car ce sont des faits qui ont été vérifiés par de nombreuses expériences.

En un mot, Monsieur, vous dites que les industriels ne sont pas capables de faire le budget, et je vous réponds que les industriels sont les seuls capables de régler l'administration des affaires publiques conformément aux intérêts de la très-grande majorité de la nation, conformément à l'intérêt des producteurs.

L'état actuel de l'opinion publique relativement à la question que nous examinons est fort singulier.

Depuis la célèbre discussion sur le commerce des grains, discussion dont le résultat a été que le meilleur moyen d'assurer la subsistance de tous les habitants de la France était de laisser à l'industrie le soin de diriger cette administration, on a passé en revue tous les services publics, et il a été reconnu que les industriels étaient les plus capables de diriger toutes les branches de l'administration générale.

L'opinion publique a prouvé qu'elle adoptait toutes ces démonstrations particulières, en établissant le proverbe *laissez faire*, *laissez passer;* et cependant elle reste persuadée que les industriels ne sont pas capables de concevoir le plan général des recettes et des dépenses publiques, qu'ils ne sont pas capables de faire un bon budget, ce qui implique une contradiction évidente ; car ce qui est vrai dans toutes ses parties est nécessairement vrai dans son ensemble.

Je ne crois pas, Monsieur, devoir donner pour ce moment un plus grand développement à ma réponse ; je la terminerai donc en vous disant que ce que vous appelez mon système, est une conception que je n'ai point créée, inventée ; que ce système a été organisé dans toutes ses parties par les industriels, et que mes fonctions se bornent à proclamer la vérité générale qui lie entre elles toutes les vérités particulières admises en économie politique.

L'Observateur. Ce que vous venez de me dire mérite d'être médité ; je ne puis donc pas y répondre sur-le-champ ; mais je vous observerai qu'il y a une chose importante dont je vous ai parlé, et à laquelle vous n'avez fait aucune attention.

Je vous ai dit que les intérêts des cultivateurs, des négociants et des fabricants, étaient tout à fait distincts, qu'ils étaient même opposés les uns aux autres; que de là il résultait qu'une commission pour faire le budget, composée de cultivateurs, de négociants et de fabricants, ne pourrait pas s'entendre.

Réponse. Je conviens que, sous le rapport de la manière dont l'impôt doit être assis, il existe une sorte d'opposition entre les intérêts des cultivateurs et ceux des fabricants, entre les intérêts des cultivateurs et des fabricants réunis et ceux des négociants; mais je dis que cette opposition est infiniment petite en comparaison de celle qui existe entre les intérêts des industriels et ceux de la noblesse tant ancienne que nouvelle, ceux du clergé tant ancien que nouveau, ceux des légistes, ceux des propriétaires oisifs, et ceux, en un mot, des Français qui ne sont pas industriels.

Je dis que les industriels de toutes les classes sont intéressés à l'économie dans l'administration, qu'ils sont aussi tous intéressés au maintien de la tranquillité publique, tant intérieure qu'extérieure, tandis que les nobles, les tonsurés, les légistes et les propriétaires oisifs peuvent désirer que le gaspillage continue, parce qu'il leur est profitable ; tandis qu'ils peuvent désirer une guerre extérieure ou une révolution intérieure, parce que ces crises peuvent leur être profitables en leur procurant des places dans l'administration publique.

Je conviens, Monsieur, que le premier budget fait par les industriels sera très-imparfait, très-inférieur à ce qu'il pourrait être ; je conviens que ce premier budget sera nécessairement très-inférieur à ceux que les industriels feront plus tard, et quand ils auront acquis de l'expérience dans ce genre. Mais il est évident que le premier budget, quelque imparfait qu'il soit, remplira cependant beaucoup mieux les conditions d'économie dans les dépenses publiques et de bon emploi des deniers du trésor, qu'aucun de ceux qui ont été faits jusqu'à ce jour. Il est évident qu'il sera fait dans l'intention de procurer tranquillité et stabilité à la maison de Bourbon, en même temps que prospérité à la nation.

Vous m'avez dit plus haut que les industriels n'avaient point d'idée générale en administration, et que leur ignorance, à cet égard, les rendrait incapables de faire le budget. J'ajouterai à ce que je vous ai déjà répondu sur ce sujet, qu'il existe heureusement pour eux une nature de capacité, qu'ils ne possèdent pas du tout, et dont tous les ministres des finances que nous avons eus après M. Necker (qui était un industriel), ont fait preuve ; cette capacité est celle de conserver tous les anciens abus en consacrant annuellement une somme énorme à leur entretien.

Monsieur, l'esprit bavarde beaucoup avant que le bon sens prenne la parole ; mais quand une fois le bon sens a parlé, l'esprit ferait inutilement ses efforts pour se faire écouter. Or, le bon sens général a proclamé la vérité fondamentale en finances : *Que le budget devait être fait par ceux qui sont intéressés à l'économie et au bon emploi des deniers publics,* et il résultera nécessairement de cette proclamation du sens commun des Français, que le Roi (dont la fonction la plus honorable consiste à être l'organe de l'opinion publique) chargera incessamment une commission choisie parmi les industriels de lui présenter un projet de budget.

L'Observateur. Vous ne m'avez pas persuadé que vous aviez raison, mais vous m'avez entièrement convaincu que votre opinion méritait les honneurs d'une discussion générale et publique ; je crois qu'elle deviendra bientôt le sujet de débats généraux en France, et même dans toute l'Europe ; mais en attendant que l'attention publique se porte sur cette question, il me paraît que je dois continuer à vous faire les objections qui s'étaient présentées à mon esprit lorsque j'ai lu votre brochure.

Je vous observe donc que les industriels, travaillant à faire le budget, cesseront nécessairement d'être industriels ; car ils ne pourront pas mener de front leurs travaux pour le service public avec ceux relatifs à leurs entreprises particulières. Or, s'ils abandonnent leur maison, ils ne rempliront plus les conditions que vous avez jugées nécessaires pour faire un bon budget ; car ils ne seront plus au nombre de ceux qui doivent craindre l'arbitraire et désirer l'économie, parce qu'ils ne peuvent ni exploiter le pouvoir, ni profiter du gaspillage.

Réponse. Je suis très-flatté du jugement favorable que vous portez sur mon travail ; je suis très-reconnaissant des vœux que vous faites pour qu'il obtienne les honneurs d'une discussion générale ; mais je ne suis point de votre avis.

Je vous observerai d'abord qne l'opinion que vous appelez la mienne, n'est autre chose que le résumé des opinions émises dans toutes les occasions par les industriels praticiens, tels que MM. Ternaux, Beauséjour, etc., etc.; qu'elle est l'énoncé général des principes professés par le théoricien J.-B. Say, et par les autres écrivains en économie politique.

Je vais vous présenter une seconde observation qui mérite de fixer toute votre attention.

L'époque à laquelle les astronomes ont constitué l'astronomie, en dégageant la base de cette science des faits imaginés qui étaient entrés dans sa première construction, n'a point été signalée par une grande discussion; il s'est établi une ligne de démarcation entre les astronomes et les astrologues; les uns ont été classés parmi les savants, et les autres parmi les charlatans. *On peut combattre une croyance, mais on est obligé de se soumettre à une démonstration.*

Le passage de l'alchimie à la chimie n'a pas trouvé non plus d'opposants dont la résistance ait laissé de trace dans l'histoire; il n'a point occasionné de discussion mémorable.

Il en sera nécessairement de même pour l'établissement de la politique positive; cet établissement ne sera pas précédé d'une discussion importante dès l'instant que les industriels prendront l'attitude convenable. Dès l'instant que, faisant une application générale de leurs principes, ils se débarrasseront des doctrines féodales et théologiques, on verra la noblesse et le clergé se soumettre sans résistance; on verra les nobles et les prêtres devenir agriculteurs, négociants, fabricants, ou se livrer à des travaux utiles à la culture, à la fabrication et au commerce, en s'occupant, par exemple, d'enseigner la morale positive qui doit servir de base au système industriel. De même que la théologie a été le fondement du régime féodal, on verra les légistes ne plus chercher le but vers lequel la société doit se diriger; on les verra ne plus s'occuper de faire les meilleures lois possibles, mais tout bonnement de faire les lois qui pourront assurer le mieux la prospérité de la culture, du commerce et de la fabrication.

Il me reste à vous prouver que les industriels qui feront partie de la commission chargée de faire le budget, ne seront point obligés de renoncer à leurs entreprises industrielles; mais il me paraît que notre séance d'aujourd'hui a été suffisamment longue; je vous propose de nous ajourner à demain.

L'Observateur. J'y consens.

Messieurs, je vous donnerai incessamment la suite de cette discussion; ce ne sera pas cependant dans ma prochaine Lettre, parce qu'il y a un autre objet sur lequel il me paraît important d'appeler votre attention le plus promptement possible.

J'ai l'honneur d'être, etc.

IIE LETTRE

A MESSIEURS LES CULTIVATEURS, NÉGOCIANTS, FABRICANTS, BANQUIERS ET AUTRES INDUSTRIELS.

MESSIEURS,

J'ai l'honneur de vous envoyer la suite de la discussion dont je vous ai donné le commencement dans ma première Lettre; voici ma réponse à la dernière objection qui m'avait été faite.

Réponse. Il ne me sera pas difficile de vous prouver que les industriels composant la commission chargée de faire le budget, ne seront point obligés de renoncer à leurs entreprises industrielles; car ma réplique sera fondée sur trois faits que vous ne sauriez révoquer en doute, puisqu'ils sont connus de tout le monde.

Permettez-moi de vous demander si M. Ternaux a abandonné ses manufactures, si M. Beauséjour a renoncé à ses grandes entreprises agricoles; si M. Delessert a quitté son commerce, si M. Lafitte a cessé de faire la banque. Je pourrais vous faire la même question relativement à plus de trente autres industriels qui sont membres de la Chambre des Députés. Cependant, la dernière session les a occupés dix fois plus de temps qu'il n'en faudrait à une commission d'industriels pour faire le budget.

Je vous ferai observer ensuite qu'il existe, depuis longtemps, des Chambres de commerce qui sont composées d'industriels ; qu'il existe aussi des conseils de manufactures également composés d'industriels, et qu'on n'a point vu les membres de ces assemblées renoncer à leurs entreprises industrielles. M. Basterreche est membre de la Chambre de commerce depuis sa formation ; il est aujourd'hui député, et sa maison de commerce n'a pas cessé d'être une des plus importantes de la France.

Enfin, je vous dirai que la banque de France est un établissement qui occupe toute l'année le conseil des régents, qui est entièrement composé d'industriels, et qu'on ne s'est pas aperçu que les régents de la banque négligeassent leurs affaires particulières.

J'ajouterai, à l'appui de ces faits, deux considérations importantes.

La première de ces considérations est que le budget coûtera fort peu de peine et très-peu de temps à faire, quand les industriels en seront chargés. Ce qui rend aujourd'hui cette opération longue et difficile, c'est qu'à la manière dont le problème est posé, la question à résoudre consiste à faire payer tous les ans une somme de deux ou trois cents millions à la nation, qui n'est point employée aux services publics, sans la mécontenter.

La seconde observation que j'ai à vous faire, est que, dans tous les temps, ceux qui ont dirigé les affaires publiques, sont ceux qui ont eu le moins d'occupations. Qu'on parcoure toute l'Europe, et on verra que ce sont les rois, les princes, les ministres, les grands dignitaires, en un mot, les suprêmes directeurs des affaires publiques qui chassent le plus, qui donnent le plus de fêtes, de bals, de grands repas, qui fréquentent le plus les spectacles, etc.; et, en me résumant, Monsieur, je dis que les industriels qui composeront la commission chargée de faire le budget, ne seront point obligés, pour faire ce travail, de renoncer à leurs entreprises industrielles.

L'Observateur. Pendant que nous considérons

les choses sous le rapport du budget, j'ai une autre observation à vous faire.

Vous avez dit, dans votre brochure, que le ministre des finances devait être toujours pris dans la classe des industriels de profession. Or, je vous fais observer qu'une des qualités indispensables aujourd'hui pour occuper la place de ministre des finances, est de parler avec facilité. Il faut que ce ministre soit orateur, pour être en état de défendre ses plans contre les orateurs du parti de l'opposition. Je vous passe encore que le budget soit fait par une commission composée d'industriels, parce que ce travail n'exige, comme vous l'avez prouvé, que la capacité administrative; mais la place de ministre des finances n'est pas dans le même cas; elle ne peut, comme je viens de vous le dire, être occupée que par un orateur.

Réponse. Il faut beaucoup d'éloquence pour soutenir un budget conçu dans l'intérêt des gouvernants contre l'intérêt des gouvernés, et cette éloquence ne peut jamais être suffisante pour convaincre la nation ; elle a besoin, pour atteindre le but que se propose l'orateur, d'être soutenue par une majorité corrompue, par une majorité directement opposée aux vrais intérêts du Roi et à ceux de la nation. Monsieur, le rôle des parleurs approche de sa fin, celui des faiseurs ne tardera pas à commencer. Le Roi, ainsi que les industriels, sont mystifiés depuis longtemps, par les militaires, par les tonsurés et par les avocats. Ils ne tarderont pas à ouvrir les yeux.

J'ai, en effet, dit dans ma brochure que la place de ministre des finances devait toujours être occupée par une personne ayant été pendant plusieurs années industriel de profession. Ce n'est qu'après y avoir bien réfléchi que j'ai émis cette opinion, et je suis en état de la soutenir sous tous ses rapports.

Dans l'état actuel des lumières, ce n'est plus d'être gouvernée dont la nation a besoin, c'est d'être administrée, et d'être administrée au meilleur marché possible; or, il n'y a que dans l'industrie qu'on puisse apprendre à administrer à bon marché.

Avez-vous, je vous prie, d'autres observations à me faire?

L'Observateur. Oui, j'ai encore trois observations à vous faire, qui se rattachent toutes les trois à l'objection que nous avons discutée jusqu'à présent.

Réponse. Permettez que nous en restions là pour aujourd'hui, nous terminerons cette discussion dans un autre moment; je désire envoyer le plus promptement possible à mes correspondants une seconde Lettre sur les Bourbons ; il faut que je vous quitte pour y travailler.

Ce que j'ai à dire sur les Bourbons est pour le moment mon affaire la plus importante, c'est ce qui constitue ma besogne directe : mes discussions avec vous ne sont, dans la réalité, qu'un accessoire de mon travail.

Je dois commencer par établir la démonstration pour tous les chefs de travaux industriels, qu'il est de leur intérêt que la maison de Bourbon ne conserve aucune inquiétude relativement aux complots que des factieux pourraient vouloir former pour renverser son trône.

Quand j'aurai pleinement convaincu de cette vérité tous les chefs des entreprises industrielles, il ne me sera pas difficile de les déterminer à présenter au Roi une adresse signée d'eux, ainsi que de tous leurs employés et ouvriers, par laquelle ils déclareront à Sa Majesté que leur vœu à tous est d'être gouvernés par les Bourbons; qu'ils désapprouvent formellement tous ceux qui cherchent à entraver leur gouvernement, et qu'ils les regardent comme des ennemis personnels de l'industrie.

Ma troisième opération aura pour objet de déterminer le Roi à charger une commission prise parmi les industriels de profession, de lui présenter un projet de budget.

Cette troisième opération, qui paraît aujourd'hui la plus difficile à beaucoup de personnes (je dirais presque à tout le monde), sera, au contraire, la plus aisée de toutes, quand les industriels auront constaté leur force politique, en imposant silence aux factieux, et en les forçant de renoncer définitivement à leurs projets.

Le Roi et la famille royale reconnaîtront alors (en quelque sorte forcément) que les industriels sont les appuis les plus solides qu'ils puissent se procurer, puisque ce seront eux qui les auraient préservés de dangers dont la noblesse, le clergé ou l'ordre judiciaire n'auront pu les garantir.

A la cour, moins que partout ailleurs, on se laisse conduire par le cœur. Si les Bourbons se sont ligués jusqu'à ce jour avec le clergé, avec la noblesse, avec l'ordre judiciaire, et avec les propriétaires oisifs, c'est par la raison qu'ils ont cru que la force politique se trouvait dans leurs mains; c'est par la raison qu'ils ont pensé que ces classes-là leur étaient plus attachées que les industriels; et il faut convenir que la famille royale ne pouvait guère juger les choses autrement, car les industriels n'ont joué jusqu'à ce jour qu'un rôle passif en politique; car ils n'ont point manifesté d'opinion qui leur fût propre. Que les industriels se montrent; qu'ils fassent connaître publiquement leurs intentions, et ils verront que la famille royale cherchera leur alliance; ils verront que le Roi s'empressera de les placer à la tête de l'administration, en les chargeant de faire le budget; ils verront que les Bourbons abandonneront toutes les institutions surannées, pour se livrer avec zèle à l'organisation du régime industriel.

Enfin, Monsieur, mon projet est de cimenter une alliance solide entre les Bourbons et les industriels. Or, pour réussir dans ce projet, il est clair que je dois commencer par obtenir des industriels qu'ils arrivent promptement et efficacement au secours des Bourbons; car les dangers auxquels les Bourbons sont exposés sont beaucoup plus grands et beaucoup plus pressants que ceux courus par les industriels, qui, en définitive, sont certains de l'emporter sur la noblesse, sur le clergé, sur les avocats, et sur tous ceux qui prétendront devoir exercer une influence plus grande qu'eux ou égale à la leur sur l'administration publique, tandis que l'existence entière des Bourbons se trouve compromise dans ce moment.

Adieu donc, Monsieur; à demain pour la clôture de notre première discussion.

MESSIEURS,

Une chose importante, et que je vous prie de remarquer, c'est que les idées que je produis sont celles que vous avez trouvées, et qui m'ont été communiquées par vous; c'est que les faits sur lesquels je m'appuie sont ceux que vous avez constatés; c'est que les principes que je proclame sont ceux que vous avez constitués; de manière que ma besogne consiste uniquement à rendre actif ce que vous vous êtes contentés jusqu'à ce jour d'établir d'une manière passive.

Tout votre acquis, en politique, ne vous a servi jusqu'à présent qu'à élever des digues pour contenir, tant bien que mal, les pouvoirs féodaux et théologiques, les pouvoirs despotiques populaires, et despotiques militaires. J'ai senti que vous pouviez maintenant faire mieux que cela; j'ai senti que c'était vous aujourd'hui qui formiez le gros bataillon; j'ai senti, en un mot, que vous étiez en mesure de constituer le régime industriel;

car *les rois, de même que les dieux, sont pour les gros bataillons;* ainsi vous pouvez, sans crainte d'éprouver un refus, proposer au Roi et à la famille royale d'abandonner le clergé et la noblesse pour se placer à votre tête.

Messieurs, toutes les doctrines politiques qui ont été professées depuis le commencement de la révolution, celle des jacobins, celle du Directoire, et celle de Bonaparte, ont été contraires à vos intérêts ainsi qu'à ceux du Roi; celles qu'on professe aujourd'hui ne sont pas meilleures pour les Bourbons, ni pour vous; il n'y a que la doctrine industrielle dont l'adoption puisse terminer la révolution. Vous avez rassemblé tous les matériaux nécessaires pour organiser cette doctrine; mais ces matériaux ont besoin d'être coordonnés; il faut les disposer systématiquement : c'est ce travail que j'ai entrepris. Je m'y livre avec le plus grand zèle, et je vous prie d'être persuadés que je me tiens pour fort honoré d'être entré au service de la puissance industrielle.

J'ai l'honneur d'être, Messieurs,

Votre très-humble et très-obéissant serviteur.

IIIᴱ LETTRE

A MESSIEURS LES CULTIVATEURS, FABRICANTS, NÉGOCIANTS, BANQUIERS ET AUTRES INDUSTRIELS.

Messieurs,

J'ai l'honneur de vous envoyer un troisième fragment de la première discussion que j'ai soutenue pour défendre *mon opinion sur les mesures à prendre pour terminer la révolution.*

L'Observateur. Vous donnez l'avantage au matériel sur le spirituel; vous subordonnez la théorie à la pratique; vous placez en première ligne les cultivateurs, les fabricants, les négociants, ainsi que les banquiers; et il résulte de cette disposition organique que les physiciens, que les chimistes, que les physiologistes, ainsi que les mathématiciens, ne se trouveraient qu'au second rang, ce qui est monstrueux : car ce sont ces savants qui perfectionnent tous les procédés généraux employés dans la culture, dans les fabriques de tous genres, dans le commerce, ainsi que dans la banque; et il est bien plus difficile de perfectionner les procédés généraux que les détails de l'exécution.

Réponse. Monsieur, vous ne vous placez pas au même point de vue que moi; c'est ce qui fait que nous ne nous entendons pas : je considère les choses d'une manière générale, tandis que vous ne les envisagez que sous un rapport secondaire.

L'objet de mon entreprise est de débarrasser les hommes qui sont occupés des travaux de l'utilité la plus positive et la plus directe, de la domination exercée sur eux jusqu'à ce jour par le clergé, par la noblesse, par l'ordre judiciaire, ainsi que par les propriétaires qui ne sont pas industriels. Je considère, pour le moment, les savants adonnés à l'étude des sciences positives comme ne formant qu'une seule classe avec les cultivateurs, les fabricants, les négociants et les banquiers, mais il ne résulte point de ce que je considère en masse ceux qui contribuent à la production, que la division entre les travaux théoriques et les travaux pratiques doive disparaître : il en résulte encore moins que, d'après mon opinion, les théoriciens doivent jouir d'une considération inférieure à celle qui sera accordée aux praticiens. La vérité est que cette division ne doit pas m'occuper dans ce moment; il serait nuisible à mon entreprise que je m'en occupasse, parce que cela compliquerait inutilement mon opération.

Cette division s'établira d'elle-même entre les hommes positifs, quand ils se seront débarrassés de la domination des sabreurs et des faiseurs de phrases; et on ne saurait douter que les découvertes faites dans les sciences physiques et mathématiques ne procurent, sous le régime industriel, le premier degré de considération, puisqu'elles sont celles de l'utilité la plus générale pour la prospérité de la culture, ainsi que de la fabrication et du commerce.

Deux raisons m'ont engagé à m'adresser plutôt aux cultivateurs, aux fabricants et aux négociants qu'aux savants, pour les engager à s'occuper d'une manière active de l'administration des intérêts généraux de la nation.

Ma première raison a été que les praticiens ont des moyens d'existence qui les rendent indépendants; tandis que les théoriciens vivent presque tous du produit de places dont le Gouvernement dispose, c'est-à-dire qui dépendent, dans ce moment, du clergé, de la noblesse, de l'ordre judiciaire et des propriétaires oisifs. De manière que les premiers ne courent d'autres risques, en manifestant une opinion généreuse, que de se priver de l'expectative d'un sobriquet de baron, de comte, de marquis ou de duc; tandis que les théoriciens exposeraient leurs moyens d'existence en indiquant à la nation les moyens de se débarrasser de l'éteignoir théologique et féodal dont elle est encore affublée.

Ma seconde raison a été que le pouvoir administratif devant être invariablement fixé dans les mains des praticiens, et les récompenses nationales devant être accordées par eux, les théoriciens resteront à tout jamais, sous le rapport temporel, dans la dépendance des cultivateurs, des fabricants, des négociants et des banquiers, quoiqu'ils doivent obtenir un plus haut degré de considération que celui dont jouiront ceux qui le leur accorderont. Ce sont les acteurs et les spectateurs qui ont fait la réputation des Corneille et des Molière; et il est de fait que ni les uns ni les autres n'ont entrepris de rivaliser de gloire avec ces fondateurs de notre littérature dramatique, qui est pour nous une branche d'industrie importante, quoique secondaire.

Si, malheureusement pour nous, il s'établissait un ordre de choses dans lequel l'administration des affaires temporelles se trouvât placée dans les mains des savants, on verrait bientôt le corps scientifique se corrompre et s'approprier les vices du clergé; il deviendrait métaphysicien, astucieux et despote.

Au surplus, on peut être certain que les physiciens, que les chimistes, que les physiologistes, ainsi que les mathématiciens, seconderont autant qu'il leur sera possible (sans toutefois s'exposer à la misère) les efforts qui seront faits par les cultivateurs, par les fabricants, par les négociants et par les banquiers, pour commencer l'établissement du régime industriel.

J'ai personnellement connaissance de travaux faits par des savants positifs, pour organiser l'éducation nationale, d'une manière telle que les enfants de toutes les classes apprennent, dans le moins de temps possible, ce qui leur est le plus utile de savoir pour eux-mêmes et pour la société.

J'ai également connaissance personnelle de travaux scientifiques, qui ont pour objet l'accroissement des produits de la nation, et particulièrement celui des produits agricoles. Les améliorations, sous ce dernier rapport, au moyen de percements de routes, d'ouvertures de canaux, de dessèchements et de défrichements, pourraient augmenter, pendant plus de vingt années, le capital territorial de la France, de plus d'un milliard par an.

J'ai aussi connaissance de projets ayant pour but d'assurer du travail aux non-propriétaires, et d'améliorer sous tous les rapports le sort de cette classe qui compose encore aujourd'hui la majorité de la nation, tout en accroissant chez eux le sentiment du respect dû à la propriété, et d'une autre part, en multipliant les jouissances des riches.

J'ai encore connaissance de combinaisons faites pour remédier aux inconvénients qui résulteront de la rapidité avec laquelle la population s'accroîtra, quand le régime industriel aura fait prendre à la culture, à la fabrication et au commerce, tout l'essor dont ils sont susceptibles. Ce travail renferme un système de colonisation large et peu dispendieux.

Enfin, je puis certifier que tous les travaux scientifiques, nécessaires à l'établissement du régime industriel, existent, et je puis certifier également (l'intention de leurs auteurs m'étant connue) qu'ils seront publiés dès que l'administration publique sera sortie des mains du clergé, de la noblesse et de l'ordre judiciaire, pour entrer dans celles des cultivateurs, des fabricants et des négociants.

L'Observateur. Je ne pousserai pas la discussion plus loin sur ce point. Je vais passer à une autre considération ; je vais vous parler des beaux-arts. J'admets donc que, pour le progrès de la physique, de la chimie et de la physiologie, ainsi que des mathématiques, de même que pour l'utilité de ceux qui cultivent ces sciences, il serait désirable que l'administration des intérêts publics sortît des mains des nobles, des tonsurés et des avocats, pour entrer dans celles des cultivateurs, des fabricants, des négociants et des banquiers; mais vous conviendrez qu'il n'en est pas de même des beaux-arts. Le jour où l'administration générale passera dans les mains de vos hommes positifs, sera celui de la mort des beaux-arts, ainsi que celui de la ruine et de la déconsidération des artistes.

Réponse. Les Athéniens ont été incontestablement, de tous les Grecs, ceux qui se sont le plus occupés de commerce, de fabrication et de culture; c'est cependant Athènes qui a été, dans l'ancienne Grèce, la principale école des beaux-arts; c'est à Athènes que les poëtes, que les peintres, que les sculpteurs, que les architectes, ainsi que les musiciens, ont été le plus considérés et le mieux récompensés.

A la renaissance des beaux-arts, Florence était essentiellement industrielle ; elle était gouvernée par les Médicis qui étaient des négociants, et c'est Florence qui a le plus efficacement secondé les efforts des artistes, pour constituer l'école des beaux-arts modernes.

Anvers était la ville de toute l'Europe qui, proportion gardée de sa populatiou, faisait les entreprises industrielles les plus importantes ; c'est cependant à Anvers, et à l'époque de ses plus grands succès dans le commerce, qu'a été fondée la plus ancienne et la plus importante école de peinture qui ait existé, jusqu'à une époque très-récente, dans le nord de notre continent.

Le plus grand luxe des Hollandais consiste dans des collections de tableaux.

C'est une supposition entièrement gratuite, que celle de l'indifférence des industriels pour les beaux-arts. La vérité est que les nobles, que les tonsurés, que les légistes, ainsi que les propriétaires oisifs emploient en général les accroissements qu'ils éprouvent dans leurs fortunes, à augmenter le nombre de leurs valets et celui de leurs chevaux, qu'ils meublent leurs maisons avec plus de recherche, qu'ils rendent leurs tables plus somptueuses; tandis que les industriels préfèrent employer leur superflu à former des collections de chefs-d'œuvre des beaux-arts, et qu'ils traitent toujours les artistes qui se distinguent avec la plus grande considération. Les seigneurs classent les artistes parmi leurs protégés; les industriels les envisagent comme des hommes dont les travaux font prospérer les fabriques, en même temps qu'ils donnent du lustre à la nation.

Ce que je viens de vous dire en dernier lieu est si vrai; cela est si bien senti par les artistes, que vous ne les verrez point rester indifférents au mouvement politique qui constituera le régime industriel, et ce ne sera pas le parti des privilégiés contre les industriels qu'ils prendront; ce sera, au contraire, le parti des industriels qu'ils soutiendront.

Les poëtes, les peintres et les musiciens ont donné aux Grecs l'énergie dont ils avaient besoin pour résister aux innombrables armées des Perses; ce sont eux qui ont le plus contribué chez les modernes à inspirer à tous les chrétiens la haine des tyrans; ce sont eux qui ont stimulé les peuples européens à constituer un régime libéral.

Soyez certain, Monsieur, qu'ils sauront ennoblir les travaux de la culture, de la fabrication et du commerce; soyez sûr qu'ils trouveront le moyen d'éveiller dans l'âme des industriels les idées de gloire, ainsi que les sentiments généreux.

En un mot, Monsieur, tous les travaux qui peuvent contribuer à l'utilité ou à l'agrément de la société, seront plus considérés, mieux encouragés, et plus généreusement récompensés qu'ils ne l'ont été sous aucun autre régime. Le système industriel est celui vers lequel l'espèce humaine a toujours tendu; ce système sera le système final; tous les autres systèmes politiques qui ont existé, ne doivent être considérés que comme des systèmes préparatoires.

L'Observateur. Quand vous auriez raison, relativement aux sciences exactes et aux beaux-arts, il reste un point plus important que tous ceux que nous avons traités jusqu'à présent, et à l'égard duquel je suis certain de vous battre. Mais comme cette dernière observation entraînera de longs débats, et que notre conversation d'aujourd'hui s'est déjà suffisamment étendue, je vous propose de nous ajourner à demain.

Réponse. Je ne m'effraye point de vos menaces; je ne crains aucune de vos attaques; je suis certain de repousser avec avantage celle que vous méditez, de même que celles que vous avez effectuées aujourd'hui, et dans lesquelles vous aviez tant de confiance lors de notre dernière conversation.

J'ai reçu la mission de faire sortir les pouvoirs politiques des mains du clergé, de la noblesse et de l'ordre judiciaire, pour les faire entrer dans celles des industriels : je remplirai cette mission quels que soient les obstacles que je puisse rencontrer, et quand bien même le pouvoir royal, aveuglé sur ses véritables intérêts, tenterait de s'y opposer.

C'est la philosophie qui a constitué les plus importantes institutions politiques ; elle seule possède des pouvoirs suffisants pour faire cesser l'action de celles qui ont vieilli, et pour en former de nouvelles qui soient fondées sur une doctrine perfectionnée.

Monsieur, toute institution politique puise ses forces dans les services qu'elle rend à la majorité de la société, et par conséquent à la classe la plus pauvre.

Si les institutions du clergé, de la noblesse et de l'ordre judiciaire, ont duré grand nombre d'années, si elles ont eu beaucoup de force, c'est qu'elles ont rendu de longs et importants services à la majorité de la nation.

Avant que l'usage des armes à feu fût perfectionné et généralement répandu, la force militaire consistait principalement dans les hommes d'armes; les hommes d'armes étaient, de toute la société, ceux qui faisaient le métier le plus dangereux et le plus fatigant. Or, c'étaient les nobles qui, exclusivement à tous autres, professaient cet état. A cette époque où toutes les nations étaient essentiellement guerrières, malheur à celle chez laquelle la caste militaire n'était pas vigoureuse, bien exercée, et animée de l'amour de la gloire! Bayard a été, de son temps, l'homme le plus utile à son pays. Ce héros était un véritable protecteur de l'industrie, à cette époque où les industriels n'étaient pas en état de se défendre eux-mêmes. Il a maintes fois préservé les paisibles habitants de nos campagnes des désastres dont ils étaient menacés; il a plus fait, il a introduit une sorte de civilisation et de modération dans l'esprit militaire; il a été, dans toutes les occasions, un modèle de loyauté et de désintéressement, et il a légué à ses compatriotes le plus utile de tous les héritages dont un citoyen puisse enrichir sa patrie; c'est le souvenir de ses vertus, souvenir qui nous met en état d'apprécier aujourd'hui à leur juste valeur les services qui ont été rendus à la France par Bonaparte et par ses avides lieutenants.

Je passe à l'examen de ce qui concerne le clergé. Ce sont les moines qui ont conservé les manuscrits des Grecs et des Romains; c'est le clergé catholique qui a civilisé l'Europe. Le célèbre *Hume*, qui était protestant, et qui, par conséquent, ne saurait être regardé comme suspect à cet égard, en fait la déclaration formelle et positive dans son Histoire de l'Angleterre; et cet auteur est incontestablement le meilleur des historiens modernes.

Le clergé a rendu des services importants aux dernières classes de la société, tant qu'il a prêché aux riches et aux puissants les obligations qui leur sont imposées par Dieu et par la morale. Qui oserait nier que Fénelon, Massillon, Fléchier et Bourdaloue aient été de zélés et d'utiles défenseurs des droits du peuple? Bossuet est peut-être l'homme qui a le plus efficacement préparé la révolution. Il a dit et répété, avec une éloquence qui a fixé l'attention générale, que les hommes étaient égaux après leur mort. Cela a conduit à examiner quelle était la différence qui devait exister entre eux pendant leur vie terrestre [1].

1. Il est certain que, depuis le quinzième siècle, l'institution du

Quant à l'ordre judiciaire, c'est à ses travaux que nous avons dû la suppression des justices seigneuriales qui étaient la source des vexations les plus multipliées que les dernières classes du peuple avaient à supporter.

Après avoir soumis toute la France à la justice royale, les légistes ont encore rendu dans plusieurs occasions d'importants services à la classe convenable : on a vu plus d'une fois les parlements

clergé catholique a été plus nuisible que profitable aux intérêts de la majorité de la nation; mais il ne faut pas conclure de là qu'il n'ait plus eu que des inconvénients sans avantage. Depuis cette époque il a encore, sous quelques rapports, rendu des services; il en a rendu, comme je viens de dire, dans le siècle de Louis XIV; il en a même rendu jusqu'à la révolution. Partout où les curés se trouvaient en opposition avec les seigneurs, il résultait toujours de cette lutte quelques avantages pour le peuple.

Ainsi, j'ai pu dire que le clergé a rendu des services au peuple sous Louis XIV, sans qu'on ait le droit de conclure que mon opinion soit que le clergé, à l'époque de la querelle des molinistes et des jansénistes, à l'époque de la révocation de l'édit de Nantes, ait été une institution essentiellement bienfaisante pour l'espèce humaine.

Il me reste une autre observation bien plus importante à faire au lecteur, c'est qu'il est très-essentiel de ne point confondre le clergé avec la religion.

C'est le clergé, et ce n'est point la religion qui est devenue nuisible à la société depuis le xve siècle, et si le clergé est devenu, depuis cette époque, plus nuisible qu'utile, c'est par la raison que sa conduite s'est trouvée en opposition avec les principes sublimes et d'éternelle vérité qui servent de base à la religion.

lutter contre nos rois pour défendre les droits de la nation; ils ont particulièrement montré une grande énergie dans la manière dont ils se sont opposés aux envahissements de la puissance papale.

Si aujourd'hui, Monsieur, le clergé, la noblesse et l'ordre judiciaire n'ont plus aucune force, c'est que ces institutions ne sont plus d'aucune utilité à la nation, c'est qu'elles ne rendent plus de services aux dernières classes de la société.

Et en effet les nobles, qui faisaient autrefois le métier le plus fatigant, forment aujourd'hui la classe la plus désœuvrée, et par conséquent celle du plus mauvais exemple pour la société.

Depuis la découverte de la poudre à canon, l'éducation militaire n'est plus une éducation spéciale; après quinze jours d'exercice, tout homme sait tirer un coup de fusil; et après deux ou trois campagnes il se trouve capable de remplir les fonctions de général, pourvu qu'il ait reçu de la nature une grande audace et un peu d'intelligence; tandis qu'autrefois il fallait vingt années de travail à un chevalier pour se former à bien rompre une lance.

D'ailleurs l'esprit national a entièrement changé de direction. Avant la révolution il était essentiellement militaire; il l'a encore été accidentellement, et, en quelque façon, forcément pendant une partie de la révolution; mais aujourd'hui il est devenu définitivement industriel. De manière que nous ne pouvons plus avoir que des guerres défensives; bientôt même celles de cette espèce ne pourront plus avoir lieu, car la révolution qui s'est opérée dans l'esprit national français s'effectue tous les jours chez les nations voisines, qui tendent à devenir pacifiques, étant bien persuadées que c'est le seul moyen pour elles de se débarrasser des pouvoirs arbitraires dont elles portent encore le joug.

Quant au clergé, il est devenu pour le peuple une charge sans bénéfice : dans l'état actuel des choses, il coûte encore beaucoup d'argent à la dernière classe de la société; et toutes ses prédications ont pour objet d'établir que les pauvres doivent une obéissance passive aux riches et aux privilégiés, lesquels doivent eux-mêmes obéir aveuglément, d'abord au pape, et ensuite aux rois.

Depuis la rentrée de la maison de Bourbon, on n'a entendu parler d'aucun prédicateur qui se soit occupé de rappeler à la famille royale ses devoirs à l'égard de la nation ; or il est évident que le peuple français ne peut accorder aucune confiance à une corporation ecclésiastique qui voit toute la morale dans l'obéissance de la nation à ses princes, et qui ne travaille point à établir, dans l'opinion, les obligations des princes à l'égard de la nation.

L'ordre judiciaire, bien plus encore que le clergé et la noblesse, a perdu l'estime des Français. Presque tous les juges se sont faits des instruments du pouvoir ; et aujourd'hui, la plus grande partie des présidents et des procureurs du roi professent, en plein tribunal, des opinions absolument contraires aux droits et aux intérêts de la nation.

Enfin, Monsieur, je vous dirai, pour compléter cette récapitulation, que si le clergé, la noblesse et l'ordre judiciaire subsistent encore, quoique ces institutions ne soient plus utiles à la société, quoiqu'elles soient au contraire très à charge à la majorité de la nation, c'est qu'elles ont été mal attaquées, c'est que les conditions nécessaires pour faire cesser leur action n'ont point été remplies.

Ce troisième examen mérite, Monsieur, toute

votre attention, et je prends la liberté de la réclamer tout entière.

D'abord, il est de fait, d'une part, que les institutions du clergé, de la noblesse et de l'ordre judiciaire, ont été successivement attaquées par les philosophes du XVIIIe siècle, par l'assemblée constituante et par la convention nationale; et d'une autre part, que ces institutions subsistent encore, d'où il résulte évidemment qu'elles ont été mal attaquées. Il s'agit maintenant d'établir clairement et en peu de mots quelles ont été les fautes commises par les attaquants, et quelle est la manière dont les industriels doivent s'y prendre pour remporter sur elles une victoire complète, décisive et définitive.

Les efforts philosophiques des littérateurs du XVIIIe siècle, pour débarrasser la société des institutions du clergé, de la noblesse et de l'ordre judiciaire, ont obtenu des succès prompts et brillants; mais ces succès ont été très-incomplets, de même que l'attaque l'avait été : cette affaire n'avait eu lieu qu'entre l'avant-garde philosophique et les privilégiés.

Je dis, Monsieur, que l'attaque des littérateurs du XVIIIe sècle a été brillante, et qu'elle a obteuu un prompt succès, parce qu'elle a fixé l'attention de toute l'Europe, et qu'elle a été suivie presque immédiatement de l'insurrection de la nation contre les privilégiés.

Je dis que cette attaque n'a obtenu qu'un succès incomplet, parce que les institutions du clergé, de la noblesse et de l'ordre judiciaire, après avoir été terrassées, se sont relevées, et qu'elles tendent aujourd'hui à se reconstituer : je dis que l'attaque a été incomplète, parce que le raisonnement mis en avant a été que le clergé, que la noblesse et que l'ordre judiciaire étaient des institutions qui, à toutes les époques, avaient agi d'une manière nuisible aux intérêts de la nation, ce qui était faux ; et aussi parce que les attaquants s'étaient contentés de prouver que ces institutions n'étaient aucunement en rapport avec l'état des lumières et de la civilisation, sans s'être occupé de faire connaître quelles étaient les institutions qui devaient les remplacer.

Enfin je dis que cette affaire n'avait été qu'une attaque d'avant-garde, parce que ce sont les littérateurs qui ont joué le rôle principal dans cette action, et que les savants, je veux dire l'Académie des sciences, ne s'est pas franchement engagée dans cette attaque.

Voilà, Monsieur, l'analyse de la première attaque : je passe à celle de la seconde.

L'assemblée constituante a voulu aussi débarrasser la société du clergé, de la noblesse et de l'ordre judiciaire. Pour atteindre ce but, elle a usé de son pouvoir constituant, et elle a déclaré que la noblesse, que le clergé, et que l'ordre judiciaire étaient supprimés, en tant que corporations chargées d'administrer les affaires générales; mais l'assemblée constituante n'ayant point remplacé l'action politique, qui était exercée par les privilégiés, au moyen d'une autre action, il s'est trouvé que les institutions qu'elle avait eu l'intention de supprimer, n'ont été que suspendues.

La convention s'est aperçue de la faute commise par l'assemblée constituante; elle a voulu la réparer, mais elle a employé un mauvais moyen. Elle a senti qu'il fallait remplacer les institutions du clergé, de la noblesse et de l'ordre judiciaire par d'autres institutions; mais au lieu de leur substituer des institutions plus en rapport avec l'état des lumières et de la civilisation, elle a tenté de faire revivre les institutions des Romains qui étaient encore infiniment plus en arrière de la civilisation actuelle, que celles de la féodalité.

Voilà, Monsieur, les principales fautes qui ont été commises dans les trois plus importantes attaques qui aient été dirigées contre les institutions du clergé, de la noblesse et de l'ordre judiciaire.

Le seul moyen d'anéantir ces institutions consiste à les remplacer par d'autres plus en rapport avec l'état des connaissances acquises, et des habitudes contractées.

C'est une nouvelle doctrine qu'il faut organiser : l'ancienne avait fondé la morale sur des croyances; la nouvelle doit lui donner pour base la démonstration, que tout ce qui est utile à l'espèce est utile aux individus, et réciproquement que tout ce qui est utile à l'individu, l'est aussi à l'espèce, et le nouveau code de morale doit se composer des applications de ce principe général à tous les cas particuliers.

L'ancienne doctrine avait constitué la société dans l'intérêt des gouvernants; la nouvelle doit combiner l'association dans l'intérêt de la majorité des associés. L'ancienne doctrine avait principalement chargé les gouvernants de commander; la nouvelle doit leur donner pour principale fonction de bien administrer, et elle doit par conséquent appeler la classe des citoyens la plus capable en administration, à diriger les affaires publiques.

L'ancienne doctrine avait primitivement constitué l'ordre judiciaire pour exploiter une branche des revenus seigneuriaux ; la nouvelle doit établir que la principale fonction des juges consiste à concilier les parties.

Enfin, l'ancien code civil a eu pour objet de fixer, le plus possible, les propriétés dans les mains des familles qui les possédaient, et le nouveau doit se proposer le but absolument opposé, celui de faciliter à tous ceux dont les travaux sont utiles à la société, les moyens de devenir propriétaires.

Monsieur, en résultat final de la marche de la civilisation jusqu'à ce jour, les institutions du clergé, de la noblesse et de l'ordre judiciaire se trouvent soumises à l'examen de la philosophie positive : elles ne sortiront de ses mains que réduites en poussière. La philosophie positive imposera silence à l'avocasserie en politique : elle investira la puissance industrielle de tous les pouvoirs que les institutions théologiques et féodales ont exercés, et dont la conservation pourra être utile au maintien de l'ordre ; elle relèguera ces vieilles institutions dans le passé politique terminé ; elles y figureront de même que la division des Lacédémoniens en Spartiates et en Ilotes, de même que celle des Romains en patriciens et plébéiens, de même enfin que celle de notre nation en Francs et en Gaulois.

L'Observateur. Votre langage, Monsieur, est ridicule ou sublime : nous verrons plus tard laquelle de ces deux épithètes lui convient le mieux.

Je persiste, malgré tout ce que vous venez de me dire, dans l'opinion que vous ne serez pas en état de réfuter mon objection finale : à demain donc nos grands débats.

Réponse. Je suis révolté du sang-froid que vous conservez dans un moment où vous devriez être transporté de joie. Quoi ! la nation ainsi que le Roi se trouvent complétement égarés dans les vastes domaines de la politique ! tout le monde a perdu de vue le but philosophique vers lequel l'esprit humain doit se diriger, ainsi que la route de la civilisation ; personne ne reconnaît plus ni d'où la société vient, ni comment elle a pu arriver où elle se trouve, ni ce qu'elle deviendra ; le char de l'État est embourbé jusqu'aux essieux. — Dans une circonstance aussi critique pour les gouvernants, ainsi que pour les gouvernés, je trouve le fil d'Ariane; je vous le présente, et vous vous mettez gravement à examiner si ce que je vous dis est ridicule ou sublime. Ce que je vous dis, Monsieur, est utile; voilà ce dont je suis certain, et je me soucie fort peu du reste.

Je suis décidé à fixer votre attention aujourd'hui même, et avant que nous nous séparions, sur la manière dont je coordonne les faits politiques les plus marquants qui sont arrivés depuis l'époque où les encyclopédistes ont publié leur opinion sur l'organisation sociale.

Les encyclopédistes ont eu pour principal chef Diderot, qui était essentiellement artiste et littérateur. Les plus ardents d'entre eux, ceux qui ont exercé la plus grande influence sur le travail, étaient aussi des littérateurs; de là il devait résulter, et il est résulté, en effet, que l'Encyclopédie n'a été qu'un travail très-superficiel.

Si l'Encyclopédie avait été faite par des savants positifs, si d'Alembert en avait été le directeur en chef, s'il avait eu pour principaux collaborateurs ses collègues de l'Académie des sciences, il n'y a pas de doute que ces auteurs auraient appliqué à ce travail la méthode qu'ils employaient journellement dans les sciences positives qu'ils cultivaient; il n'y a pas de doute qu'en tête de toutes les parties de cet ouvrage ils auraient présenté des observations sur la marche de l'esprit humain [1], et ils auraient démontré, par ce moyen, que les institutions alors existantes étaient en arrière de l'état des lumières; il n'y a pas de doute qu'ils auraient ensuite fait connaître les institutions qui convenaient à l'état de la civilisation, et qui seraient les plus propres à accélérer ses progrès; il n'y a pas de doute, enfin, qu'ils auraient terminé ce tableau, en traçant la marche à suivre et les moyens à employer pour opérer la transition du régime théologique, féodal et judiciaire, au régime industriel : par ce moyen, la révolution se serait faite sans inconvénient majeur; elle aurait nécessairement toujours occasionné quelques contrariétés à ceux qui jouissaient des abus qu'on aurait réformés; mais il n'y aurait point eu de sang versé, et les réformes se seraient opérées avec une sage lenteur.

1. C'est ainsi qu'a procédé d'Alembert, dans le discours préliminaire, qui est incontestablement ce qu'il y a de meilleur dans l'encyclopédie, et la seule partie dont le caractère soit vraiment encyclopédique.

Ceux qui ont dirigé les travaux encyclopédiques ont suivi une marche très-différente ; je pourrais presque dire absolument contraire. Ils ont agi en véritables étourdis ; ils ont discrédité le clergé, la noblesse et l'ordre judiciaire, sans prendre la peine d'indiquer les institutions qui devaient remplacer celles contre lesquelles ils dirigeaient l'opinion publique ; ils ont exaspéré le peuple contre les prêtres, contre les nobles et contre les juges, en présentant ces fonctionnaires publics comme ayant, à toutes les époques, retardé les progrès de l'esprit humain, ce qui est absolument faux. Voilà, Monsieur, quelle a été la véritable origine des malheurs qui sont arrivés pendant la révolution.

En un mot, c'est principalement à la direction vicieuse suivie par les encyclopédistes, dans leurs travaux, qu'on doit attribuer l'insurrection qui a éclaté en 1789, ainsi que le caractère sanguinaire que la révolution a pris dès son origine.

L'assemblée constituante aurait pu réparer les fautes commises par les encyclopédistes ; mais elle a empiré l'état des choses, au lieu de remédier au mal qui avait été fait.

Cette assemblée aurait dû commencer par établir en France la constitution anglaise, parce que cette constitution était intermédiaire entre le régime féodal et le régime industriel; parce que l'expérience avait prouvé que cette organisation était beaucoup plus avantageuse à une nation que le système féodal, puisque le peuple anglais avait infiniment plus prospéré que les autres peuples européens qui avaient conservé leurs anciens usages. L'assemblée constituante aurait dû déclarer en même temps que le système politique anglais qu'elle donnait à la France n'était qu'un régime provisoire, qu'un moyen de transition pour passer sans secousses du régime féodal au régime industriel. Enfin, elle aurait dû prendre les plus grandes précautions pour donner une grande solidité à la royauté constitutionnelle, car cette institution est tout à fait moderne; elle est le produit le plus récent des connaissances acquises en politique : elle doit donc servir de base au nouveau système.

Cette assemblée a suivi une marche tout à fait différente; les députés qui la composaient n'ont montré aucune capacité comme législateurs; ils se sont presque entièrement bornés à reproduire dans leurs discours les idées qui avaient été émises, les critiques du dix-huitième siècle; elle a commis la faute de discréditer sans précaution et sans mesure le clergé, la noblesse et l'ordre judiciaire, et la faute bien plus grande encore d'avilir la royauté, et de la mettre dans l'impossibilité d'exercer ses utiles fonctions.

Aussi l'attaque directe contre le Roi a suivi, presque immédiatement, l'instant où cette assemblée a déclaré que ses travaux étaient terminés, et le Roi ne tarda pas à périr victime d'erreurs réciproques.

Les législateurs qui remplacèrent l'assemblée constituante commirent une faute bien plus grave encore, ils anéantirent la royauté.

Toutes les institutions politiques qui existaient avant la révolution, se trouvèrent alors complétement anéanties; le sol se trouvait entièrement ras; le nouvel édifice pouvait être construit d'après le plan que les législateurs voudraient choisir; et, chose incroyable, la convention, au lieu de s'efforcer de se montrer supérieure aux législateurs qui l'avaient précédée en formant de nouvelles institutions, a cherché dans les ébauches sociales des peuples de l'antiquité, une forme de gouvernement pour la nation française, c'est-à-dire pour celle de toutes les nations modernes qui avait fait les plus grands progrès en civilisation!

Les gouvernements qui ont succédé à la convention ont roulé dans le cercle vicieux où elle était entrée; et la nation française n'a secoué la poussière de l'antiquité qu'à l'époque de l'abolition du tribunat et du consulat.

Un général qui joignait la ruse à l'audace, s'est alors emparé de la révolution; il n'y avait plus d'opinion publique, il conçut le projet hardi d'en créer une, le projet vicieux d'en constituer une contraire aux intérêts de la société. Son but était de rétablir l'arbitraire; pour déterminer la nation à le supporter, il lui a procuré la jouissance de l'exercer sur ses voisins; il a rendu la nation française conquérante; il l'a déterminée à s'occuper d'établir sa domination sur les autres peuples: par ce moyen, elle ne s'est pas aperçue qu'elle était conquise dans la proportion des conquêtes qu'elle faisait; elle a accepté le titre de grande nation, et elle a consenti en même temps à supporter ceux de prince archi-chancelier, de prince archi-trésorier, et ceux en grand nombre de duc, de comte et de baron.

Est arrivée à la fin la réaction générale de l'Europe contre la France; cette réaction était inévitable; elle a forcé les Français à rentrer dans leurs anciennes limites; ils ont été dépouillés de leur titre de grande nation, et les titres de prince, de duc, de comte et de baron ont continué à subsister; l'arbitraire qu'elle avait exercé a disparu, et elle est rentrée sous le joug du clergé, de la noblesse et de l'ordre judiciaire.

Le Roi est remonté sur le trône; il a donné à la France la constitution anglaise : c'est certainement un pas utile qui a été fait; mais les avantages qui devaient résulter de cette mesure ont été, jusqu'à présent, annulés par le mauvais usage que les ministres ont fait du pouvoir royal.

La réorganisation de la nation française s'opérant cent cinquante ans après celle de la nation anglaise, l'action du gouvernement français doit être, dans cette réorganisation, beaucoup plus limitée que ne l'a été celle du gouvernement anglais, puisque l'arbitraire doit toujours diminuer en proportion du degré d'accroissement des lumières qui font de continuels progrès. Cela est évident; et, cependant, le ministère a infiniment plus travaillé à faire une application de la Charte, utile et agréable aux privilégiés qu'aux non privilégiés qui forment le corps de la nation.

Enfin, Monsieur, en résultat d'une révolution qui dure déjà depuis plus de trente années, voici l'état des choses.

D'une part, le gouvernement travaille à rétablir le clergé, la noblesse et l'ordre judiciaire ; il perd de vue le principe, que les institutions politiques ont une force qui est toujours proportionnée aux services qu'elles rendent à la majorité de la société, et que le clergé, la noblesse et l'ordre judiciaire n'étant plus d'aucune utilité à la classe la plus nombreuse, ces institutions ne peuvent plus jouir d'aucun pouvoir durable.

D'un autre côté, les Français non privilégiés, et particulièrement ceux d'entre eux, qui, étant les plus pauvres, supportent le plus les inconvénients de l'arbitraire et du gaspillage des deniers publics, qui ont été pervertis par Bonaparte, ont perdu de vue, qu'on a d'autant plus de force pour s'opposer à l'arbitraire qu'on est plus complétement dépouillé du désir de dominer. Ils regrettent leur titre de grande nation ; ils regrettent surtout le monopole qu'ils ont exercé sur l'Europe; ce qui fait qu'ils se trouvent très-peu de moyens pour s'opposer aux tentatives que les anciens privilégiés font pour se reconstituer.

En un mot, Monsieur, ni les gouvernants, ni les gouvernés ne sont dans la disposition d'esprit convenable pour terminer la révolution. En commençant l'organisation d'un régime social solide, j'ai reçu la mission de fixer leur attention sur les principes qui doivent guider leur conduite politique : je la remplirai.

L'Observateur. Je vous déclare positivement, Monsieur, que je ne me livrerai point à l'examen général de la question, avant que vous ayez répondu à une dernière objection. Elle est relative à la royauté. Notre scène d'aujourd'hui ayant été suffisamment longue pour nos lecteurs, ainsi que pour nous, je me retire. A demain les grands débats.

MESSIEURS,

Vous ne pouvez rien faire d'important en politique sans le secours de la philosophie ; et les philosophes ne pourraient point améliorer le sort de l'espèce humaine, s'ils étaient privés de votre appui. Je vais faire un appel général aux philosophes ; je vais développer avec eux, et en votre faveur, les plus grands moyens philosophiques. Soutenez-nous, et dans peu de temps les pouvoirs politiques sortiront définitivement des mains du clergé, de la noblesse et de l'ordre judiciaire, pour entrer dans les vôtres ; dans peu de temps le Roi vous confiera le soin de faire le budget.

Messieurs, l'établissement du régime industriel exige de votre part quelques avances pécuniaires; c'est de toutes les spéculations la plus avantageuse que vous puissiez faire. Messieurs, il faut de l'argent pour établir cette correspondance philosophique avec tous les cultivateurs, tous les fabricants et tous les négociants de France qui ont quelque importance; il en faut aussi pour déterminer des savants, choisis parmi ceux de la capacité la plus positive et la plus étendue, à s'occuper de ce travail; c'est bien certainement et bien évidemment l'intérêt du gouvernement de protéger cette entreprise; mais nous ne devons pas espérer qu'il le fasse : le ministère n'est point composé d'hommes assez éclairés pour sentir l'utilité de ces vues philosophiques. Au surplus, le seul moyen de le déterminer à y porter quelque intérêt, est de lui prouver qu'elles ne vous sont pas indifférentes.

Messieurs, jusqu'à ce jour, vos intérêts n'ont été défendus que par des avocats ou par des métaphysiciens; il en résulte qu'ils ont été mal défendus. D'abord, par la raison que ces *intellectuels* ne sont point personnellement intéressés à faire valoir vos droits politiques : toute la considération et l'importance qu'ils pourraient vous faire acquérir diminuerait d'autant celle dont jouissent leurs professions; ensuite, ils n'ont pas la capacité suffisante pour établir un nouveau système philosophique. Sûrement il vous faut des théoriciens; mais vous devez employer ceux auxquels vous avez reconnu la capacité intellectuelle la plus positive. Or, je vous demande si, quand vous avez besoin de conseils, c'est à des avocats ou à des littérateurs que vous vous adressez: certainement non; les géomètres, les physiciens, les chimistes, les physiologistes sont ceux auxquels vous demandez ces moyens de perfectionner vos procédés : ils sont, Messieurs, de tous les hommes livrés à des travaux d'intelligence pure, les seuls qui connaissent bien vos droits ainsi que vos intérêts; chargez-les de s'occuper de vos affaires générales; donnez-leur les moyens de les suivre, et vous aurez promptement atteint le but que vous vous proposez, celui de régler les dépenses publiques, puisque vous les payez.

Enfin, Messieurs, je fais une double proposition; d'une part, j'invite les *intellectuels* positifs à s'unir et à combiner leurs forces pour faire une attaque générale et définitive aux préjugés, en commençant l'organisation du système industriel;

d'une autre part, je demande aux industriels qui sont les plus riches et les plus positifs, de se coaliser pour donner les moyens à leurs *intellectuels* de faire et de publier le travail scientifique dont ils ont besoin.

Messieurs, les plus grandes difficultés sont surmontées, grâce à mon zèle pour le service de l'industrie. D'une part, le travail est commencé, de l'autre, la correspondance est établie.

Messieurs, songez que l'Europe vous regarde; songez que les Anglais, que les Espagnols, que les Portugais et que les Napolitains, plus encore que les autres, ont les yeux fixés sur vous; songez que ces peuples, moins éclairés que vous, attendent que les Français qui sont *intellectuels* ou *industriels* positifs, leur montrent l'exemple et leur servent de guides, pour, chez eux, constituer le régime industriel.

J'ai l'honneur d'être, Messieurs,

Votre très-humble et très-obéissant serviteur.

POST-SCRIPTUM.

Il y a, Messieurs, des hommes qui rendent de grands services aux inventeurs ainsi qu'au public; ce sont les *vulgarisateurs* : les inventeurs, ainsi que le public, ne sauraient trop les encourager. Voltaire fait connaître les idées critiques de Bayle. M. Guizot vient de populariser les observations que j'avais publiées, dans *l'Organisateur*, relativement à la division de notre nation en deux peuples, relativement aussi à l'alliance de la royauté avec les Gaulois, et relativement à la faute commise par Louis XIV d'avoir abandonné les Gaulois pour s'allier de nouveau avec les Francs.

Je prie M. Guizot de recevoir mes sincères remercîments ; je l'invite à lire cette Lettre avec attention. Il est très-désirable pour le public, ainsi que pour moi, qu'il s'approprie son contenu aussi complétement que mes premières idées sur la marche de la royauté en France.

LETTRE D'ENVOI

A MESSIEURS LES INDUSTRIELS

MESSIEURS,

Je vous ai présenté, dans ma dernière brochure, les mesures qui doivent être prises pour terminer la révolution, en commençant l'établissement du régime industriel. Mes idées ont été généralement approuvées des industriels dont j'ai pu recueillir l'opinion. Mais leur nouveauté a trop étonné les esprits pour qu'il me soit possible d'espérer que sans d'autres travaux de ma part, je déterminerai ce sentiment de conviction nécessaire pour former chez un nombre suffisant d'industriels une opinion politique, active, propre à provoquer et à coordonner dans le grand corps de l'industrie les efforts indispensables pour amener le commencement d'organisation du régime le plus favorable à la culture, au commerce et à la fabrication. J'ai donc senti le besoin de familiariser les esprits avec mes principes généraux, en leur en montrant l'application à toutes les questions politiques qui intéressent les industriels. Ce sera l'objet d'une série de travaux, dans lesquels je présenterai mon idée générale sous des points de vue particuliers, nombreux et variés, en me bornant toutefois, pour chacun d'eux, aux aperçus les plus importants.

Mais avant de vous faire part de ces travaux, j'ai cru devoir m'attacher par-dessus tout à remplir une condition préliminaire, que je regarde comme tout à fait capitale. J'ai pensé que la première chose à faire pour les industriels est de tranquilliser la dynastie des Bourbons sur leurs dispositions à son égard.

Considérez, en effet, Messieurs, que si vous aviez quelque inquiétude un peu fondée sur la sûreté de votre existence sociale, vous ne vous occuperiez, sans doute, que de faire cesser cette inquiétude jusqu'à ce que vous en fussiez venus à bout. Pourquoi voudriez-vous donc que les Bourbons, auxquels leur éducation et leurs habitudes ont dû certainement donner moins de fermeté qu'à vous, fussent plus désintéressés? Ne serait-il pas tout à fait déraisonnable de votre part, de leur demander qu'ils s'occupent de l'amélioration de votre sort, pendant qu'ils regardent le leur comme incertain, et avec raison ? Rassurez-les sur la conservation de la royauté dans leur dynastie ; faites que tout leur temps et tous leurs moyens ne soient pas employés à contenir les tentatives turbulentes des ambitieux, et alors vous pourrez réclamer d'eux, sans injustice, les premières mesures nécessaires pour travailler à la formation du régime industriel.

Il dépend entièrement de vous, Messieurs, de leur procurer et de leur garantir cette tranquillité, car vous êtes, par le genre de vos occupations, par votre capacité et par l'influence qui en dérive, les véritables chefs temporels de la nation. Le besoin de cette garantie est presque aussi urgent pour vous, Messieurs, que pour les Bourbons eux-mêmes ; car, je le répète, vous ne pourrez rien entreprendre d'utile, tant qu'elle n'existera pas.

N'oubliez point que ce n'est qu'en vous liant avec la royauté, que vous pouvez ouvrir promptement la belle carrière politique, réservée par la marche de la civilisation aux industriels français du XIXe siècle.

En conséquence des motifs précédents, le premier travail que j'ai l'honneur de vous adresser a pour objet les Bourbons.

J'ai l'honneur d'être, Messieurs,

Votre très-humble et très-obéissant serviteur.

LETTRES SUR LES BOURBONS

ADRESSÉES

AU ROI ET AUX INDUSTRIELS

PREMIÈRE LETTRE

SERVANT D'INTRODUCTION

AU ROI

SIRE,

En analysant, dans ma dernière brochure, l'état politique actuel, je crois avoir démontré que les industriels sont aujourd'hui les seuls appuis solides de la royauté, et qu'en conséquence, le plan politique invariable de votre dynastie doit avoir pour objet une ligue intime avec eux, mise en activité le plus promptement possible. Mais quelque invincible, quelque urgente que soit la nécessité de suivre franchement et exclusivement ce système de conduite, on ne peut se dissimuler que son adoption ne doive éprouver d'abord de grandes difficultés. C'est sur elles que j'oserai maintenant appeler l'attention de Votre Majesté.

Si les obstacles à la coalition indispensable de la royauté et de l'industrie ne venaient point de ces deux pouvoirs eux-mêmes, ils ne pourraient provenir que de la résistance de l'ancienne féodalité ou de celle de la féodalité de Bonaparte, qui ont effectivement l'une et l'autre le plus grand intérêt à empêcher une liaison dont l'effet immédiat serait d'ôter pour jamais aux deux classes de factieux toute chance de succès. Mais comme les deux féodalités n'ont aucune force qui leur soit propre, que toute celle qu'on leur suppose est uniquement d'emprunt, et tient à l'influence qu'elles exercent, l'ancienne sur la royauté, et la nouvelle sur les industriels, il s'ensuit qu'en dernière analyse ces obstacles résident véritablement dans le pouvoir royal et dans le pouvoir industriel. Les difficultés ne sont donc point extérieures, mais intérieures. Elles ne peuvent évidemment tenir qu'aux mauvaises habitudes et aux préjugés contractés de part et d'autre, puisque l'intérêt réel des deux parties exige impérieusement la coalition proposée. Par conséquent, en supposant acquise la conviction de cet intérêt mutuel, il suffira d'une volonté ferme d'une part ou de l'autre pour détruire ces causes de discorde quand une fois elles auront été signalées. C'est le but que je me propose dans cet écrit.

Comme le pouvoir royal est, par sa position, habitué à voir les choses de plus haut, qu'il peut d'ailleurs déterminer directement et en très-peu de temps sa coalition avec les industriels, c'est à Votre Majesté que je prends la liberté de m'adresser en premier lieu. Je m'exprimerai avec une entière franchise; je présenterai la vérité toute nue, ainsi qu'il convient à tout homme loyal qui n'a point d'arrière-pensée à cacher, et qui se confie dans la pureté de ses intentions.

Sire, l'obstacle principal à l'établissement d'une coalition entre la royauté et les industriels, consiste, de la part de ceux-ci, dans une prévention contre votre dynastie, que la féodalité de Bonaparte est parvenue à faire naître et à enraciner chez la plupart des industriels ayant une opinion politique, et qui les porterait, non sans doute à entreprendre ou seulement à favoriser les tentatives pour placer la royauté en d'autres mains, ce qui est contre les habitudes des industriels, mais à ne point s'y opposer, et peut-être à les approuver. L'objet direct de cet écrit est de combattre cette funeste prévention, par l'examen de tous les motifs qu'on peut lui supposer. L'objet spécial de cette première Lettre est de soumettre à Votre Majesté quelques considérations sur ce fait, malheureusement incontestable.

Les gens sensés ont observé depuis longtemps que toute discorde un peu prolongée signifie que le tort est des deux côtés. C'est une lâche et fausse politique celle qui tend à représenter à Votre Majesté la partie active et productrice de la population française, c'est-à-dire les industriels, comme une foule d'insensés aimant par goût le désordre, dupes aveugles d'une poignée d'intrigants qui aspirent à renverser votre dynastie ; et, d'un autre côté, la royauté comme ne s'étant jamais trompée, comme ne se trompant jamais, comme ne pouvant jamais se tromper. Non, Sire, il n'en est point ainsi. Sans doute, la prévention existante contre la dynastie des Bourbons n'est point suffisamment fondée ; sans doute, la féodalité napoléonienne exerce sur l'opinion des industriels une trop grande influence. Mais à quoi tient cette influence ? Quelle est la source de cette prévention ? N'est-ce point évidemment à la direction rétrograde plus ou moins fortement prononcée suivie depuis la restauration par le pouvoir royal qu'il faut attribuer tout cela ? Si l'on peut reprocher, avec raison, aux industriels de se laisser influencer par la noblesse de Bonaparte, ne peut-on pas, avec autant de raison, reprocher à la royauté de se laisser dominer par l'ancienne noblesse ? C'est là ce qui a fait réussir, au 20 mars, comme par enchantement, les projets des bonapartistes ; c'est là ce qui leur aurait procuré un second succès depuis longtemps, sans la crainte d'une nouvelle invasion, crainte qui ne saurait être éternelle. Oui, Sire, je dois avoir le courage de le dire, et Votre Majesté doit avoir la fermeté encore plus grande de se l'avouer, les torts ont été et sont encore réciproques. L'incertitude d'atteindre le but réel et final de la révolution, qui n'est autre que l'établissement du régime industriel, l'inquiétude du retour à l'ancien ordre de choses, ont été et sont encore les seuls aliments de l'influence que la nouvelle féodalité a tenté d'exercer depuis la restauration, qu'elle est parvenue à exercer, et qu'elle exerce encore sur l'opinion politique des industriels. Quels sentiments inspiraient les hommes de Bonaparte à la masse de la nation, en 1814 ? La haine et la défiance la plus prononcée. Quels sentiments inspirait alors la dynastie des Bourbons ? L'attachement et la confiance. Qui a retourné cet état de choses ? La faute des uns, et l'adresse des autres. C'est une conclusion qu'il faut bien reconnaître, à moins de nier un fait évident, ou de créer un miracle pour l'expliquer.

C'est bien vainement qu'on ferait craindre à Votre Majesté l'influence hostile de la féodalité de Bonaparte, pour la détourner d'abandonner à elle-même l'ancienne noblesse, et de lier la cause royale à celle des industriels. Oui, cette influence est redoutable ; oui, elle est, il faut le dire, irrésistible, tant qu'on voudra la combattre sans s'occuper d'en tarir la source. Mais elle s'évanouirait comme une ombre, à l'instant où la royauté se liguerait franchement et irrévocablement avec les industriels. C'est le seul moyen de salut durable pour votre dynastie ; mais il est d'un succès certain.

On peut faire en peu de mots l'histoire politique des deux noblesses dans ces derniers temps.

La royauté et l'industrie sont depuis longtemps, en France, les deux seules forces politiques réelles, sous le rapport temporel : toutes les autres existences relèvent d'elles; les forces propres des deux féodalités sont, l'une morte, et l'autre mort-née; elles ne peuvent vivre que d'emprunt. Elles avaient vécu ensemble au service de la royauté sous la domination de Bonaparte, qui rendait la popularité trop périlleuse. A la restauration, elles se sont séparées, et chacune d'elles a choisi le rôle qui lui convenait naturellement. L'une, reprenant l'espoir qu'elle avait perdu de recouvrer ses biens et ses priviléges, s'est sentie tout à coup transportée d'amour pour une dynastie qu'elle avait presque oubliée pendant quinze ans : l'autre, trouvant la place prise autour du trône, et, d'ailleurs, n'espérant pas supplanter sa rivale auprès de la royauté, s'est constituée subitement l'avocat d'une nation qu'elle avait opprimée en sous-ordre pendant la même période. Chacune de ces deux classes parasites exploite à son profit la force politique à laquelle elle s'est attachée. Le pouvoir royal et le pouvoir industriel en souffrent également. Leurs rapports, qui devraient être directs pour leur commun avantage, n'ont lieu que par ces deux fâcheux intermédiaires. Il est donc de la plus haute importance, pour la royauté et pour les industriels, de se dégager respectivement de ces entraves. Mais, pour qu'une telle séparation puisse se faire avec fruit, il faut de toute nécessité qu'elle soit réciproque.

Les industriels prêteront l'oreille aux instigations de la nouvelle noblesse tant que la royauté se laissera diriger par les conseils de l'ancienne.

La suppression d'un seul des deux intermédiaires serait absolument insuffisante. Les rapports mutuels n'en resteraient guère moins entravés. Cette observation que je soumets à Votre Majesté, je la présenterai pareillement aux industriels. Que le rapprochement s'opère donc par les deux côtés. Au reste, l'exemple que la royauté pourrait donner, relativement à l'ancienne féodalité, serait très-aisément suivi par les industriels, relativement à la nouvelle; car ils tiennent beaucoup moins à celle-ci que la royauté ne tient à l'autre.

L'ancienne noblesse, recourant à son unique moyen de conservation, qui consiste à représenter sa déchéance personnelle comme étant celle de la royauté, s'efforcera de persuader à Votre Majesté que l'abandonner, pour faire cause commune avec les industriels, c'est consentir à la diminution de son pouvoir, et renoncer de fait à la légitimité et au caractère divin que la royauté a eu jusqu'à ce jour.

Cette observation est essentielle à examiner, afin de caractériser nettement, et en peu de mots, le changement que la royauté doit opérer dans son système politique.

Il est certain, et j'aurais tort de le déguiser, qu'une ligue avec les industriels aura pour objet et pour résultat de changer le caractère politique de la royauté. Mais après être convenu de ce point, il reste à savoir si ce changement est évitable, et si, d'ailleurs, il a réellement pour la royauté l'importance qu'on y attache. Or, je crois avoir pleinement démontré, dans mon dernier écrit, l'inévitable nécessité de ce changement, amené par la marche irrésistible de la civilisation : il ne reste donc plus qu'à en apprécier l'importance réelle.

D'abord, il est incontestable que le caractère de la royauté a subi de grandes modifications, et qu'elle ne s'en est pas plus mal trouvée : toute l'histoire le prouve. Elle a commencé par être une institution purement féodale; mais elle s'est ensuite imprégnée peu à peu, et toujours de plus en plus, du caractère communal ou industriel, et, dans ses modifications successives, son pouvoir réel a toujours été en augmentant, bien loin de diminuer. Aujourd'hui, le caractère féodal doit s'effacer complétement, et la royauté doit devenir entièrement communale. En un mot, le Roi, au lieu d'être le chef des gentilhommes de son royaume, doit devenir le chef des industriels. Je demande si c'est là une perte réelle, à l'époque où la gentilhommerie n'est rien, et où l'industrie est tout.

Ainsi, quant à la diminution de son pouvoir, Votre Majesté n'a rien à redouter de la ligue avec les industriels. A la vérité, il pourrait lui rester naturellement quelque inquiétude relativement à l'idée de la royauté *par la grâce de Dieu,* dont Votre Majesté pourrait craindre qu'un tel changement dans son plan de conduite n'exigeât le sacrifice absolu. Mais cette seconde crainte ne serait pas plus fondée que la première.

Les industriels ne tiennent nullement aux formes ; ils n'attachent d'importance qu'au fond des choses. Tout ce qu'ils demandent, c'est que la royauté se combine avec eux d'une manière franche et irrévocable : cette condition fondamentale une fois remplie, ils sont bien éloignés de vouloir que la royauté renonce à ses formes habituelles. Seulement, l'intérêt particulier du pouvoir royal exige qu'il ne se fasse point illusion à cet égard, en attachant à ces formes plus de valeur qu'elles n'en ont en effet. L'idée de la royauté *par la grâce de Dieu* étant directement fondée sur les croyances religieuses, ne peut plus conserver aucune force, à une époque où ces croyances elles-mêmes perdent, ou plutôt ont perdu presque tout leur empire, et où le peu d'influence qui leur reste tend à se dissiper sans retour. Ainsi, cette doctrine ne doit être considérée actuellement par la royauté que comme un protocole qui n'a plus de valeur réelle. Il serait très-fâcheux que le pouvoir royal méconnût, sous ce rapport, le véritable état des choses. Il est de la plus haute importance pour ses intérêts, de revenir de l'erreur extrêmement grave dans laquelle l'ont entraîné ses inhabiles conseillers, lors de la restauration de Votre Majesté, en lui représentant cette doctrine comme jouissant d'une très-grande influence, comme étant la base morale la plus solide de l'autorité royale. Cette fausse manière de voir est un véritable cercle vicieux en politique, puisque, depuis 1814, la royauté emploie une grande partie de ses forces à défendre, et sans aucun succès réel, cette même doctrine qu'on voudrait lui faire envisager comme un appui pour elle. Voilà le fait incontestable sur lequel il importe éminemment à la royauté d'ouvrir les yeux le plus promptement possible, afin de ne pas se méprendre sur ses véritables soutiens.

Le pouvoir royal ne saurait donc reconnaître trop tôt que l'alliance des industriels est aujourd'hui d'une bien autre importance pour lui que *la grâce de Dieu*. Mais, du reste, quand une fois il aura rectifié ses idées sur la valeur réelle de ce protocole, il ne devra nullement redouter que les industriels veuillent l'engager à y renoncer ; car les industriels ne demandent point que cette forme soit changée ; ils désirent seulement que la royauté ne s'obstine pas à considérer comme une force ce qui a cessé d'en être une.

On craint peut-être qu'en ne faisant plus aucun effort pour rétablir l'influence de l'idée du *Roi par la grâce de Dieu*, elle ne soit remplacée par celle de la souveraineté du peuple. Cette crainte est naturelle; mais elle est tout à fait chimérique. Un instant d'attention suffira pour s'en convaincre.

La légitimité, telle qu'on l'entend, n'existe comme doctrine systématique et régulière que depuis la réforme de Luther. Le clergé, pour se conserver une existence politique qui venait d'être fortement ébranlée, consentit à se subalterniser vis-à-vis de la royauté, et lui fit présent de ce dogme pour s'assurer sa bienveillance. Avant cette époque, il était bien question du *par la grâce de Dieu;* mais il n'avait pas ce haut caractère religieux, et surtout cette importance qu'il eut depuis, puisque les rois y mêlaient assez indifféremment le *et par la force de mon épée.* Or, il est très-remarquable que le fameux dogme de la souveraineté du peuple sinon fut inventé, du moins commença à prendre du crédit, en Hollande, vers le même temps. Si l'on suit d'un coup d'œil les progrès de ces deux dogmes, on les verra constamment marcher de front. Un rapport aussi permanent indique entre eux une beaucoup plus grande connexion qu'on ne le suppose communément. Et, en effet, il n'est pas difficile de reconnaître qu'ils sont étroitement liés ensemble, ou, pour mieux dire, qu'ils sont faits l'un contre l'autre.

Pour peu qu'on y réfléchisse, on sentira que ces deux dogmes n'ont d'existence réelle que par opposition l'un à l'autre. Le sens vulgaire attaché à l'expression *souveraineté du peuple*, et même le seul sens clair qu'on puisse lui attacher, est *souveraineté par la volonté du peuple*, puisque le peuple sent très-bien, excepté dans des moments de délire d'une très-courte durée, qu'il n'a pas le loisir d'être souverain. Or, comme il est admis que cette volonté n'est point déterminée par des conditions fixes, puisées dans l'intérêt du peuple, et qu'elle est très-indépendante du mérite du souverain, il s'ensuit que l'expression *souveraineté par la volonté du peuple* ne signifie rien que par opposition à *souveraineté par la grâce de Dieu*. Elle ne désigne qu'une simple formalité à remplir envers le peuple ou ses représentants, après laquelle tout est fini, savoir, la demande de son consentement ; c'est donc dans cette demande que tout consiste, et, par conséquent, on ne peut voir là qu'une critique de l'idée *par la grâce de Dieu*, laquelle ne signifie réellement que l'indépendance du consentement du peuple. Ces deux dogmes antagonistes n'ont donc qu'une existence réciproque. Ils sont les restes de la longue guerre métaphysique qui a eu lieu dans toute l'Europe occidentale, depuis la réforme, contre les principes politiques du régime féodal. On est obligé, à la guerre, d'avoir des armes de même portée que celles de son adversaire. Une abstraction a donc dû provoquer une autre abstraction. La métaphysique du clergé a mis en jeu la métaphysique des légistes destinée à lutter contre elle. Mais cette lutte est aujourd'hui terminée.

Il suit de ce qui précède, que le plus sûr moyen, on pourrait même dire le seul, de donner du crédit et de l'activité au dogme de la souveraineté du peuple, est de faire des efforts pour rajeunir celui de la souveraineté par la grâce de Dieu. Il s'ensuit également que le premier tombera de lui-même comme n'ayant plus d'objet, aussitôt qu'on ne parlera plus du second.

Votre Majesté n'a donc rien à redouter relativement à la restauration du dogme de la souveraineté du peuple de la part des industriels. Au contraire, les industriels, qui ne font de la métaphysique pas plus à la manière des légistes qu'à la manière du clergé, mettront pour jamais de côté ce genre de discussions comme ne pouvant mener à rien d'utile, aussitôt qu'ils entreront en activité politique.

D'ailleurs le seul mal réel qui pourrait résulter de la restauration de ce dogme, si elle était possible, serait des tentatives pour faire participer au pouvoir la masse du peuple. Or, sous ce rapport, il ne saurait y avoir le moindre motif de crainte; les chefs industriels sont, de tous, ceux qui redoutent le plus le désordre, comme étant ceux auxquels il cause le plus de dommages, et en second lieu, ils ont tous les moyens imaginables pour l'empêcher, comme étant les chefs naturels et permanents du peuple.

Le maintien de la tranquillité est dû entièrement à leur influence sur le peuple, influence à la vérité peu sensible pour des observateurs inattentifs, mais sûre et continue. Enfin, la masse du peuple, comme étant industrielle, est éminemment portée à l'ordre; il faut de grands efforts pour l'en détourner, et ces efforts ne seront jamais faits par les industriels. Dans aucun temps, et l'exemple même de la révolution française le prouve, le peuple n'est entraîné au désordre que lorsqu'il quitte ses chefs naturels, les industriels, pour suivre des chefs militaires ou légistes. Or, la mise en activité politique des industriels est évidemment le meilleur moyen d'empêcher les militaires et les légistes d'exercer jamais la moindre influence sur le peuple. Votre Majesté doit donc être, sous ce rapport, parfaitement tranquille.

La royauté n'a donc aucun motif réel pour ne

pas adopter le plan de liaison avec les industriels, qui est dicté par son intérêt le plus grand, et par son besoin le plus urgent. En abandonnant sans retour la cause de l'ancienne noblesse, pour se mettre à la tête de celle des industriels, Votre Majesté peut être assurée que ceux-ci, malgré leurs préjugés, rompront très-aisément avec la noblesse de Bonaparte, et s'empresseront de répondre à l'appel du trône. Le seul sacrifice réel que Votre Majesté ait à faire, est celui de quelques formules mystiques à peu près insignifiantes ; le véritable obstacle à l'adoption d'un tel plan, consiste donc dans le changement complet d'habitudes qu'il exigerait impérieusement de Votre Majesté. Sans doute, pour qui connaît la nature de l'homme, cet obstacle est très-grand ; mais aussi il est le seul ; et quels efforts n'inspire pas une volonté ferme, fondée sur la conviction profonde d'une raison supérieure?

Ayant signalé et combattu dans les réflexions précédentes les préjugés qui peuvent s'opposer de la part de la royauté, à son alliance avec les industriels, je vais avoir l'honneur de soumettre à Votre Majesté un aperçu des moyens que je compte employer dans la même intention à l'égard des industriels, c'est-à-dire, pour détruire les préventions défavorables que la féodalité de Bonaparte a fait naître en eux contre votre auguste dynastie.

De Votre Majesté le très-fidèle sujet.

POST-SCRIPTUM.

Je me suis efforcé, dans cette Lettre, de rendre sensible le discrédit dans lequel est tombé le dogme de la royauté *par la grâce de Dieu*, par suite de la décadence des croyances théologiques sur lesquelles il s'appuie. Ce que j'ai dit à ce sujet exige une explication qui prévienne toute interprétation vicieuse.

Distinguons dans le christianisme trois époques principales, dont chacune a eu un caracère particulier, et a donné naissance à une doctrine différente. Ces trois époques sont: 1° celle de l'établissement du christianisme; 2° celle de l'organisation du clergé comme pouvoir spirituel européen, effectuée d'une manière définitive par le pape Hildebrand; 3° celle enfin de la décadence de ce pouvoir depuis la réforme de Luther.

La doctrine de la première époque a été essentiellement morale et philanthropique. Elle a eu pour but de faire admettre par tous les peuples civilisés et par leurs chefs, le grand principe, que les hommes doivent tous se regarder comme des frères, et coopérer au bien-être les uns des autres.

Celle de la seconde époque a consisté surtout à proclamer le pouvoir spirituel général comme supérieur aux différents pouvoirs temporels européens.

Enfin, dans la troisième époque, le clergé, voyant déchoir son autorité sur l'ensemble des pouvoirs temporels européens, a eu pour but principal de conserver son existence nationale. Pour cela, il s'est mis aux gages du pouvoir temporel; et, perdant entièrement de vue le but primitif de son institution, il a employé ses croyances à établir le dogme de l'obéissance passive, assuré d'y trouver la garantie de son temporel.

Tels sont les trois principaux états par lesquels ont passé les doctrines du clergé. Il en est résulté trois christianismes bien distincts : celui des apôtres, celui d'Hildebrand, et celui du clergé depuis le XVIe siècle. Il est donc indispensable, quand on parle de christianisme, de dire lequel des trois on a en vue.

Appliquant cette analyse au cas actuel, je dirai

que le dogme chrétien de la royauté *par la grâce de Dieu*, doit être jugé différemment, suivant l'espèce de christianisme auquel on prétend le rattacher.

Si on le rapporte au christianisme de la première époque, il impose aux rois l'obligation de travailler le plus efficacement possible au bien-être de leurs peuples; et par conséquent d'établir l'organisation sociale qui peut le mieux procurer ce bien-être.

Rattaché au christianisme d'Hildebrand, il prescrit aux rois de se regarder comme les vassaux de la cour de Rome.

Enfin, rapporté au christianisme de la troisième époque, il n'impose aux rois d'autre règle que leur volonté à l'égard des peuples ; il leur fait seulement un devoir essentiel d'associer le clergé aux bénéfices de l'arbitraire.

IIE LETTRE

AU ROI

SIRE,

Je ne doute pas que plusieurs personnes qui sont sincèrement attachées à votre dynastie, et qui croient servir ses intérêts avec beaucoup d'efficacité, ne blâment très-vivement les réflexions contenues dans la Lettre précédente, comme irrévérencieuses pour la royauté. Il me serait facile de leur répondre; mais cet écrit montrera suffisamment, j'espère, lequel de leur système de défense ou du mien peut être le plus réellement utile aux Bourbons. Je me permettrai seulement de leur présenter sur ce reproche une observation très-simple. Les plus grands ennemis des Bourbons peuvent parler et parlent tous les jours de la légitimité avec le ton de la plus profonde vénération, sans que cela tire à conséquence : mais je défie le plus rusé d'entre eux d'adhérer ouvertement à aucune des assertions concernant les Bourbons qui se trouvent déjà ou qui se trouveront plus bas dans cet écrit, sans se compromettre à l'égard de son parti. On peut aisément déguiser sa pensée, tant qu'il n'est question que de formes; cela est impossible, aussitôt qu'il s'agit d'une discussion positive et raisonnée.

Sire, de tout temps la vérité fut utile aux rois; mais aujourd'hui elle leur est indispensable. Quelle qu'en soit la cause, il est de fait que les prestiges sont dissipés sans retour, on ne peut plus régner par eux. Il n'y a plus aujourd'hui de droits réels que ceux qui résultent d'une utilité générale, constatée et sentie. Sans doute, les industriels tiennent à la royauté, mais ils n'en sont point amoureux; ils y tiennent, non pour elle, mais pour eux. On en peut dire autant des dynasties.

Le seul moyen de porter les industriels à soutenir activement votre dynastie, à former avec elle une ligue franche, intime, indissoluble, consiste à leur démontrer que tel est leur intérêt. C'est ce que j'entreprends dans cet écrit.

Comme une démonstration n'a jamais plus de force que lorsqu'elle est présentée sous la forme de réfutation de l'opinion opposée, c'est en combattant dans tous les motifs l'opinion antibourbonienne, formée par la noblesse de Bonaparte et inculquée par elle aux industriels, qu'il convient de défendre auprès d'eux la cause de votre auguste dynastie ; et cet examen doit être fait avec la plus entière liberté. Telle est, suivant ma ferme conviction, la seule manière efficace de servir les Bourbons. Au lieu de cela, qu'on interdise, ainsi que le ministère de Votre Majesté a cru devoir le faire jusqu'à ce jour, toute discussion réelle sur ce sujet, qu'on s'offense de tout ce qui s'écarterait d'une aveugle adulation, qu'arrivera-t-il ? Les factieux feront les plus basses protestations à Votre Majesté, et conspireront contre elle : les industriels, qui seuls pourraient prévenir ces tentatives, conserveront les préventions qui leur ont été inspirées, et laisseront agir les ambitieux. Telle est la conséquence fâcheuse, mais inévitable, du système adopté par les défenseurs plus zélés qu'habiles de votre dynastie.

Qu'on ne craigne donc plus de livrer à la discussion les droits des Bourbons ; qu'on provoque même, ou du moins qu'on favorise cet examen : ils en sortiront victorieux. Cela m'est tellement démontré, que si l'on pouvait espérer du parti antibourbonien assez de franchise pour exposer pleinement tous les motifs de son opinion, j'oserais inviter le ministère à l'y engager avec confiance, et à lui promettre sécurité entière.

Je suis persuadé que cette mesure, si elle était possible, serait éminemment utile aux Bourbons; car les arguments des bonapartistes tirent en partie leur force de leur clandestinité; ils ne sont pas susceptibles de soutenir une discussion suivie.

Pénétré de la vérité des considérations précédentes, j'ose entreprendre, Sire, dans cet écrit, et adresser aux industriels un premier examen de l'opinion antibourbonienne.

Voici les principaux points sur lesquels je me propose d'appeler l'attention des industriels.

Les moyens employés par la noblesse de Bonaparte [1] pour fonder et pour soutenir auprès des

1. En me servant de cette expression, je ne prétends point avancer que tous ceux qui se sont laissé affubler par Bonaparte de titres nobiliaires, ni même tous ceux qui ont coopéré à son administration, fassent partie de la faction opposée aux Bourbons; de même qu'en parlant des projets rétrogrades de l'ancienne noblesse, je ne prétends point en accuser tous ses membres : il y a de part et d'autre d'honorables exceptions. Je prétends encore bien moins que les membres civils et militaires du gouvernement de Bonaparte, soient les seuls qui composent la faction antibourbonnienne. Les hommes dont ce gouvernement a éveillé l'ambition sans

industriels l'opinion antibourbonienne, sont de deux sortes : les uns s'adressent à la raison, les autres aux passions.

Les premiers forment une espèce de corps de doctrine, qu'on peut réduire à cette idée principale : « En thèse générale, un changement de ré-
» gime politique exige, pour se consolider, un
» changement de dynastie : le régime parlemen-
» taire n'a pu s'établir définitivement en Angle-
» terre, que par l'expulsion des Stuarts ; une
» mesure analogue est aujourd'hui nécessaire en
» France, et par les mêmes raisons. » Tel est le résumé fidèle des raisonnements les plus liés de la faction antibourbonienne.

Pour prouver aux industriels la fausseté de cette doctrine, je leur fais voir qu'un changement quelconque de dynastie n'est propre qu'à les détourner de leur but véritable, qui est l'établissement du régime industriel, en leur faisant porter sur les hommes une attention qu'ils doivent réserver tout

la satisfaire, ne sont pas l'élément le moins dangereux de ce parti. Les pachas en expectative, valent bien ceux qui avaient eu le temps d'entrer en jouissance. Mais j'emploie la dénomination de *noblesse de Bonaparte* pour désigner le parti collectivement, parce qu'elle en indique les véritables chefs, c'est-à-dire, ceux qui dirigent les opinions et les intrigues de la faction, et pour lesquels seraient les principaux bénéfices de l'entreprise commune, en cas de succès.

entière pour les choses ; que d'ailleurs l'arbitraire, bien loin de s'affaiblir, se rajeunit nécessairement, quand le pouvoir passe en de nouvelles mains. Je leur représente que ces deux inconvénients généraux existeraient au plus haut degré possible, dans un changement fait par la noblesse de Bonaparte; qu'un tel changement aurait pour conséquence naturelle et immédiate d'augmenter l'influence politique des militaires et des légistes, qui est le plus grand obstacle aux progrès de la cause industrielle. Enfin, je leur fais observer que la véritable cause première de leurs préjugés contre les Bourbons, est dans leurs habitudes d'inactivité politique, et de défiance de leurs propres lumières, qui les portent à chercher au-dehors ce qu'ils ne peuvent trouver qu'au-dedans d'eux-mêmes, les moyens d'établir le régime industriel. Quant à l'exemple de l'Angleterre, ce qui induit en erreur, c'est qu'on ne distingue point entre modifier le pouvoir royal, ce qui était le cas de l'Angleterre, et le reconstituer, ce qui est aujourd'hui le cas de la France. Pour l'un, il était utile de changer la dynastie ; mais pour l'autre, il est au contraire de la plus haute importance de la maintenir.

La seconde espèce d'influence antibourbonnienne, exercée par la nouvelle noblesse sur les industriels, consiste à mettre en jeu leur amour-propre national. D'une part, elle exalte sans aucune pudeur et par tous les moyens imaginables, la gloire militaire acquise sous la domination de Bonaparte ; d'une autre part, elle s'efforce de persuader, avec toute l'astuce possible, que la France a perdu toute sa gloire par le retour des Bourbons.

Sans doute il me sera aisé de faire sentir aux industriels l'absurdité et l'injustice de cette comparaison. Il suffit de leur représenter que s'ils regrettent la gloire militaire, ce n'est certainement qu'à défaut d'une autre ; que les Bourbons peuvent procurer à la France le plus haut degré d'illustration politique et philosophique, en provoquant l'établissement du régime industriel ; mais que les craintes très-fondées qu'ils ont depuis leur rentrée, les obligent de donner tous leurs soins à leur conservation. Le reproche de ne pas ouvrir à la nation française un nouveau champ d'activité et de gloire est tout à fait déraisonnable de la part des industriels qui pourraient dissiper ces craintes, et qui ne le font pas.

Tels sont, Sire, en aperçu, les moyens principaux que la faction ennemie de votre dynastie emploie pour agir sur les industriels. Ils paraissent et ils sont effectivement peu proportionnés à la grande influence qui en est le résultat. Aussi leurs effets seraient-ils presque insignifiants, et ne mériteraient nullement d'occuper l'attention de Votre Majesté, s'ils n'étaient puissamment secondés dans leur action par deux causes également importantes. La première, est cette inertie politique des industriels, qui les porte à se croire de bonne foi incapables de traiter ou seulement de juger par eux-mêmes les discussions d'intérêt général, et qui, par suite, leur fait adopter de confiance les opinions des élèves de Bonaparte qui se sont si adroitement constitués les défenseurs des intérêts nationaux. La seconde, est l'influence plus ou moins étendue que le ministère de Votre Majesté n'a malheureusement cessé de donner jusqu'à ce jour à l'ancienne noblesse, influence fatale qui alimente les déclarations des bonapartistes, qui, seule, leur donne du crédit. C'est sur cette double base qu'est fondée toute la force morale du parti opposé aux Bourbons; tous ses autres moyens seraient nuls sans ces deux puissants auxiliaires. Ainsi Votre Majesté peut être assurée qu'en abandonnant l'ancienne noblesse pour déterminer les industriels à entrer en activité politique, et pour se placer à la tête de la cause industrielle, elle aura détruit dans ses racines la redoutable puissance de la nouvelle noblesse, qui, réduite à elle-même, succombera bientôt à sa nullité naturelle.

De Votre Majesté le très-fidèle sujet.

IIIe LETTRE

A MESSIEURS LES INDUSTRIELS

Messieurs,

Une vérité fâcheuse, mais incontestable, et avec laquelle il est indispensable de vous familiariser, c'est que depuis le commencement de la révolution vous avez été constamment la dupe des légistes et des militaires auxquels vous avez imprudemment abandonné la conduite de vos affaires générales. L'expérience ne vous a point encore détrompés à cet égard. Vous êtes aujourd'hui, moralement, sous le joug de la féodalité de Bonaparte, que vous avez laissé s'établir l'avocat des intérêts nationaux, c'est-à-dire des vôtres, auxquels les siens sont directement opposés sous les rapports les plus essentiels. Malgré cette opposition, c'est par ses yeux que vous voyez la politique ; elle dirige absolument vos opinions et votre conduite relativement à vos intérêts généraux : en un mot, son empire est parvenu au point de vous faire prendre sa cause pour la vôtre.

Sans doute, cette influence tient uniquement à vos longues habitudes d'inertie politique, à la défiance mal fondée, mais pourtant naturelle, où vous êtes de vos forces, de votre valeur sociale, et de votre capacité politiqué. Mais pour être excusable, cette défiance n'en est pas moins funeste ; il n'en importe pas moins pour vous d'ouvrir les yeux à ce sujet, et de secouer les habitudes de subalternité qui vous retiennent dans cette ornière ; car cette fatale influence est un des plus grands obstacles qui retardent encore le triomphe de la cause industrielle.

Le résultat le plus fâcheux de la séduction exercée sur vous par la nouvelle noblesse, celui qui doit immédiatement vous occuper, c'est le préjugé qu'elle est parvenue à vous inspirer contre la maison de Bourbon ; la maxime qu'elle a enracinée parmi vous, qu'un changement de dynastie est une mesure utile et même indispensable au succès de vos vœux pour l'établissement du régime le plus favorable aux intérêts généraux de l'industrie. L'examen de cette opinion est l'objet du travail sur lequel je me permets aujourd'hui d'appeler toute votre attention, persuadé comme je le suis, que l'abandon entier et formel de ce préjugé, est la première condition à remplir par les industriels, à l'ouverture de leur nouvelle carrière politique.

Et d'abord, Messieurs, s'il est certain que les Bourbons ont eu et ont encore des torts à votre égard, n'avez-vous aucun reproche à vous faire sur le passé et sur le présent? Pendant la crise révolutionnaire, qui a commis le plus de fautes, et les fautes les plus graves? Si les Bourbons ont cédé aux perfides instigations des privilégiés, n'avez-vous pas laissé agir les jacobins, qu'il était en votre pouvoir d'arrêter, si vous l'eussiez voulu avec cette énergie que commandaient votre devoir et votre intérêt? Depuis la restauration, si la royauté a laissé prendre trop d'influence à l'ancienne noblesse, ne vous êtes-vous pas laissé dominer par la nouvelle, dont vous veniez d'éprouver pendant quinze ans les libérales dispositions? Il y a plus, Messieurs; la royauté, par votre admission à l'électorat, vous a ouvert l'entrée de la carrière politique; et comment avez-vous répondu à cet appel? Cette mesure est plus importante pour vous, plus éminemment industrielle que toutes celles qui, en nombre infini, ont été proposées pendant le cours entier de la révolution.

De quelle manière en avez-vous profité? Avez-vous envoyé à la chambre des communes le nombre d'industriels proportionné à votre influence électorale? Vos choix n'ont-ils pas, au contraire, été dirigés en grande partie par la noblesse de Bonaparte? Un usage aussi mal entendu du pouvoir politique direct qui vous avait été procuré, ne justifie pas sans doute le gouvernement d'avoir rétrogradé dans la ligne qu'il s'était si sagement et si glorieusement tracée, et dans laquelle, avec un peu plus de persévérance, il vous eût infailliblement amenés. Mais il l'excuse peut-être d'avoir cherché dans le parti de l'ancienne noblesse un appui que vous lui refusiez en quelque sorte, contre les projets ambitieux de la nouvelle noblesse. En dernière analyse, la loi de la conservation est la première de toutes.

Ainsi, Messieurs, il ne saurait y avoir, de votre part, le moindre fondement raisonnable à nourrir aucun sentiment d'humeur contre la dynastie actuelle. Vous devez donc conserver toute la liberté de votre jugement, dans l'examen de l'opinion qu'il convient à vos intérêts d'adopter à son égard. Si cette condition est une fois remplie aussi bien qu'elle doit l'être, vous n'aurez pas de peine à vous former sur ce point des idées parfaitement saines, et aussi conformes à vos vrais intérêts, que tranquillisantes pour les Bourbons.

Je ne vous parlerai point des chances plus que probables de guerre, au moins extérieure, qu'amènerait un changement quelconque de dynastie. Je ne vous rappellerai point que la guerre, outre les malheurs directs qu'elle entraîne, et qui tombent d'à-plomb sur l'industrie, a toujours pour résultat indirect, mais nécessaire, d'entretenir et d'accroître pour longtemps l'influence militaire, et par conséquent de prolonger la durée des pouvoirs abusifs, en même temps que, par un second effet non moins inévitable, elle écarte l'idée du perfectionnement de la civilisation. Enfin, je ne vous ferai point observer que les deux inconvénients généraux existeraient aujourd'hui au plus haut degré possible, puisqu'il s'agit précisément d'éteindre pour jamais ces pouvoirs abusifs, et de faire faire à la civilisation le pas le plus important de tous ceux que la nature des choses lui a assignés, et qui, d'ailleurs, est tellement préparé que la guerre serait justement le seul moyen de le retarder sensiblement. Je ne développerai point ces considérations, je me contente de vous les indiquer. Je ne veux arrêter votre attention que sur les motifs de l'opinion antibourbonienne considérée en elle-même, et non sur ses conséquences accessoires, quelque vraisemblables qu'elles puissent être.

En premier lieu, Messieurs, pour ceux qui considèrent les choses d'un point de vue philosophique, l'extrême importance politique attachée à un changement de dynastie à l'époque actuelle, est la preuve évidente et la plus complète possible, que vous appréciez bien faiblement la grande réforme sociale réservée aux Européens civilisés du XIXe siècle, ou que vous n'avez aucune idée nette et juste des moyens à prendre pour l'opérer : habitués jusqu'à présent à rester toujours passifs en politique, ne pouvant vous déterminer à entrer en activité, ignorant ou plutôt croyant ignorer la marche simple qu'exige l'établissement du régime le plus favorable aux intérêts généraux de la culture, de la fabrication et du commerce, vous rejetez le fardeau sur la royauté, vous la chargez, dans votre esprit, de vous inventer et de vous organiser le régime industriel, vous réservant, sans doute, le soin de jouir du travail quand il sera terminé. Si la dynastie régnante ne vient pas à bout de remplir ces conditions que vous lui imposez même d'une manière presque tacite, quoique très-obligatoire à vos yeux, vos souhaits en appellent une autre, et on est toujours prêt à répondre à ces appels-là. Telle est, j'ose le présumer, la marche de vos idées dans vos désirs d'un changement de dynastie ; elle est au fond naturelle, quoique assurément elle doive paraître très-bizarre. N'apercevant point les moyens d'agir sur les choses, ou ne vous sentant pas encore l'énergie et la confiance nécessaires pour cela, vous reportez vos espérances sur les personnes ; c'est l'allure ordinaire des esprits. Mais je ne crains point, Messieurs, de vous faire une prédiction hasardée, en vous annonçant que si vous continuiez à procéder ainsi en politique, vous pourriez prendre successivement à l'essai toutes les dynasties existantes et possibles, sans avoir fait un seul pas essentiel vers l'établissement du régime qui est l'objet de tous vos vœux. La raison en est fort simple ; c'est que l'action principale nécessaire pour atteindre ce but, doit partir de vous, ne peut résider qu'en vous, et que la royauté, dans quelques mains qu'on la supposât placée, ne peut exercer en ce sens qu'une simple coopération très-puissante, sans doute, et même absolument indispensable, mais qui n'en a pas moins un caractère secondaire. C'est vous et vos collaborateurs, les savants, qui, par une série continue de travaux théoriques et pratiques combinés ensemble, devez préparer, élaborer, et enfin graduellement organiser le régime industriel. Le secours de la royauté vous est nécessaire pour vous aplanir les voies, pour donner l'impulsion à ces travaux ; et c'est par ce motif qu'il vous importe tellement de vous liguer avec elle.

Mais c'est là que se borne son action, elle ne saurait aller plus loin par la nature des choses. Rien ne peut vous dispenser de faire vous-mêmes le travail ; vous seuls pourrez avoir à la fois et la volonté, et la capacité indispensables. Supposez, ce qu'il serait déraisonnable d'espérer et encore bien plus d'exiger, qu'une dynastie quelconque voulût franchement, en effet, exécuter par elle-même cette grande tâche, elle n'en aurait pas les moyens, vous seuls les possédez ; elle serait nécessairement obligée ou de renoncer à l'entreprise, ou de la remettre en vos mains.

Les considérations précédentes, suffisamment pesées, doivent, je crois, ébranler fortement dans votre esprit l'opinion antibourbonienne, parce qu'elles signalent et qu'elles combattent le véritable motif original du crédit que vous avez laissé prendre à cette opinion. Mais ce n'est pas assez de vous avoir prouvé qu'un changement quelconque de dynastie ne peut avancer aucunement le succès de la cause industrielle, et doit par conséquent lui nuire, quand il n'y en aurait pas d'autre motif. A cette raison négative, il convient d'en ajouter une positive et directe, en vous démontrant, par plusieurs considérations, que le transport de la royauté dans une dynastie autre que celle des Bourbons, doit nécessairement retarder beaucoup l'établissement du régime industriel.

On vous dit que la dynastie des Bourbons ayant été accoutumée pendant une longue suite de générations, dont les impressions se sont transmises d'une manière continue par l'éducation, à jouir du pouvoir dans toute sa plénitude, est moralement incapable de contracter les habitudes nécessaires pour exercer la royauté, à une époque où l'arbitraire doit disparaître. C'est là, si je ne me trompe, le principal argument qu'emploie auprès de vous la noblesse de Bonaparte. Il est aisé d'en montrer la futilité.

Il est certain que, par un inconvénient inséparable de la nature humaine, tout pouvoir inhérent à des fonctions qui n'ont point un objet positif, clair, déterminé avec précision, tend forcément à envahir. Mais en qui cette tendance est-elle le plus active et le plus dangereuse? Dans une ancienne dynastie, ou dans une dynastie nouvelle? L'expérience et le raisonnement répondent bientôt à cette question, sur laquelle le bon sens populaire a prononcé depuis longtemps par le dicton sur les parvenus.

Les habitudes du commandement se prennent si vite, qu'à cet égard le plus ou le moins de durée de la possession du pouvoir ne peut guère influer sur la ténacité avec laquelle on s'y attache. Et au contraire, la perpétuité de la jouissance, dans ce genre comme dans tout autre, détruit nécessairement la vivacité du désir; tandis que sa nouveauté inspire cette activité inquiète, qui est ici la circonstance la plus redoutable, et qui d'ailleurs est puissamment fortifiée par l'incertitude de la conservation du pouvoir, toujours plus grande pour une dynastie qui commence. En un mot, le pouvoir s'use inévitablement quand il reste toujours dans les mêmes mains, et il se rajeunit, au contraire, et prend de nouvelles forces toutes les fois qu'il change de maîtres. Quelle avidité, en effet, est comparable à celle d'une dynastie affamée, et de son famélique entourage ?

Du reste, dans le cas actuel, l'expérience, et une expérience toute fraîche encore, dispense sur ce sujet de recourir aux raisonnements. La nouvelle noblesse vous a prouvé, Messieurs, pendant son règne, d'une manière assez rude et assez décisive, avec quelle force elle maniait le pouvoir et ranimait l'arbitraire. Vous n'avez pas, sans doute, oublié tout à fait, Messieurs, par quelle épithète expressive les grands et les petits vassaux de Bonaparte avaient su remplacer pour vous l'épithète décrépite et sans vigueur dont l'ancien régime vous affublait. Vous vous honorez aujourd'hui, et avec raison, du nom de *vilains*, quand l'ancienne noblesse se permet de vous l'appliquer : mais qui de vous ne se sentirait offensé jusqu'au fond de l'âme du dégradant sobriquet de *pékins?* Cette comparaison si simple vous offre une mesure relative, fort exacte, des degrés de dangers auxquels vous exposent les projets de l'une et de l'autre noblesse.

D'un autre côté, Messieurs, la dynastie des Bourbons vous a prouvé, par la concession de la Charte, qu'elle reconnaissait la nécessité de mettre l'institution de la royauté en harmonie avec l'état présent des lumières. Quelle que soit la valeur réelle de cette concession, et sans examiner en ce moment si la Charte a atteint et peut atteindre ou non le but pour lequel elle a été créée, bornez-vous à la considérer comme un fait, et vous y verrez la déclaration formelle que la royauté bourbonienne s'empressera d'accéder à vos vœux, aussitôt que vos idées politiques seront éclaircies et arrêtées. Sans doute, il eût été préférable que le mode de présentation de cet acte important n'eût pas rappelé des prétentions auxquelles les conseillers fidèles de la royauté auraient dû l'engager à renoncer désormais. Mais au vrai, Messieurs, que peu importent les formes ? Vous n'êtes pas des métaphysiciens, ni des légistes, ainsi le fond seul vous intéresse. D'ailleurs, ne devez-vous pas avoir assez de bonhomie pour sentir que lorsqu'on fait à des habitudes profondément enracinées un sacrifice réel, on a bien, au moins, acquis le droit d'en éprouver et même d'en laisser paraître quelques regrets ? Si depuis cette époque la royauté a marché avec hésitation dans la route qu'elle avait indiquée, cela n'est-il pas excusable, en partie par le motif que je viens d'exposer, et en partie par les inquiétudes justement fondées que les projets ambitieux de la nouvelle noblesse n'ont cessé d'inspirer aux Bourbons ? Du reste, je ne dois pas craindre de vous le répéter, pouvez-vous exiger qu'on n'ait aucun tort, quand vous en avez vous-mêmes un très-grave, celui de laisser subsister ces inquiétudes, qu'il vous serait si facile de dissiper en déclarant solennellement à la noblesse de Bonaparte que votre intention formelle est de maintenir la dynastie des Bourbons? Quand vous aurez fait cette déclaration, Messieurs, au nom et de l'aveu de l'industrie tout entière, alors vous pourrez, à bon droit, vous plaindre des Bourbons, s'ils persistent à conserver l'arbitraire, et à prêter l'oreille aux conseils rétrogrades de l'ancienne noblesse, ce qui serait contre toute vraisemblance morale.

Une considération d'un ordre plus élevé que les précédentes, c'est, Messieurs, qu'il vous importe extrêmement de renouer la chaîne qui a constamment lié, depuis l'affranchissement des communes, l'histoire politique de l'industrie à celle de la maison de Bourbon. Louis XIV l'avait imprudemment rompue ; l'infortuné Louis XVI essaya de la rétablir ; la révolution l'a de nouveau défaite de part et d'autre; mais vous pouvez et vous devez la renouer. Des rapports continus de six siècles de durée ne doivent pas être légèrement abandonnés. Ils sont liés dans l'esprit des Bourbons, les progrès de la cause industrielle, avec ceux de la gloire de leur maison. Ce passé vous donne avec eux un grand avantage, si vous savez en profiter, en en faisant revivre le souvenir. Vos progrès politiques se trouvent ainsi enregistrés pour les Bourbons, et cette circonstance vous donne un moyen de plus d'en faire de nouveaux. Une dynastie privée de ces antécédents pourrait remettre en question jusqu'à votre indépendance individuelle, si elle n'était établie depuis si longtemps sur les fondements les plus inébranlables.

Quand un pouvoir doit s'éteindre, il importe que ce soit entre les mains qui l'ont exercé dans toute sa plénitude, parce que ces mêmes mains l'ayant nécessairement suivi dans ses déperditions successives, sont préparées de fait à le voir disparaître, malgré tous les préjugés contraires que l'éducation peut avoir inspirés. C'est ce qui arrive aujourd'hui, non pour le pouvoir royal, mais pour la partie féodale ou militaire de ce pouvoir, laquelle doit s'effacer complétement. Le moment est arrivé où la royauté doit changer de caractère et devenir entièrement communale ou industrielle.

Il importe au plus haut degré que ce changement se termine entre les mains de la dynastie sous laquelle il s'est graduellement effectué. Cette condition est indispensable pour que le changement ait toute sa force et toute sa valeur.

Permettez-moi, Messieurs, de réserver la suite de cet examen pour une autre Lettre dans laquelle je vous présenterai de nouvelles considérations à l'appui de celles que je viens de vous soumettre.

J'ai l'honneur d'être, Messieurs, votre très-humble et très-obéissant serviteur.